I0175875

Un retrato
poco convencional
de ti mismo

Douglas E. Harding

Un retrato poco convencional de ti mismo

The
Shollond
Trust

Publicado por The Shollond Trust
87B Cazenove Road
London N16 6BB
England
headexchange@gn.apc.org
www.headless.org

The Shollond Trust es una organización benéfica
de Reino Unido registrada con el n°. 1059551

Título original: *An Unconventional Portrait of Yourself*
(Publicado inicialmente por The Shollond Trust, 2016)

Traducción y edición: Diego Merino Sancho
(diegomerinotraducciones.com)
Imagen de portada: rangsgraphics.com
Ilustraciones del autor

Copyright © The Shollond Trust 2021
Todos los derechos reservados. Ninguna parte de este libro podrá ser
reproducida ni utilizada en cualquier forma o por cualquier medio, ya
sea electrónico o mecánico, sin el permiso previo por escrito de los
editores.

ISBN 978-1-908774-82-8

Índice

Prólogo

DOUGLAS HARDING TERMINÓ DE ESCRIBIR *Un retrato poco convencional de ti mismo* en 1941, por lo que este libro es una buena muestra de cómo era su pensamiento aproximadamente un año antes de descubrir que no tenía cabeza. Desafiando la visión convencional de quiénes somos, el autor nos demuestra que todo está contenido dentro de nosotros, que no terminamos en el límite de la piel, sino que abarcamos el universo en su totalidad:

> Cuando escuches música, cuando oigas el canto de los pájaros, cuando estés mirando unas fotos, contemplando unas flores o el rostro de tus amigos, en verdad puedes decir:«Lo que veo y lo que oigo soy yo mismo. Todas esas cosas están incluidas en mí, no me son ajenas, no están fuera de mí. Lejos de estar atrapado en un pequeño cuerpo, en realidad soy inmenso y me expando libremente por todas estas cosas que tan bien conozco y que me son tan queridas».

Aunque por aquel entonces Douglas aún no se había percatado del espacio sin cabeza que es pura capacidad para todas las cosas, ya había llegado a la conclusión de que esta identidad atemporal, «aespacial» y que todo lo abarca es lo que realmente somos.

Este libro irradia una profunda gratitud ante el milagro y el misterio de la vida. Douglas nos suplica que no pasemos por la vida sin tomarnos el tiempo necesario para asombrarnos y maravillarnos ante ella:

> [...] cuando estés postrado en tu lecho de muerte ya será demasiado tarde para que empieces a preguntarte cuál es el sentido de la vida. Al menos yo lamentaría profundamente morir sin haber sido capaz de dedicar tiempo a sentirme fascinado ante el hecho mismo de estar vivo.

Al final del libro, el autor resume lo expuesto en el mismo:

[...] hemos descubierto que eres ilimitado, que no estás separado de nada, que eres incognoscible y que una comprensión cabal y completa de estas tres realidades puede doblegar tu sentido de restricción, tu constante sensación de desasosiego y soledad. Quien es capaz de vivir siempre en el conocimiento de que su ser se expande hacia el exterior hasta abrazarlo todo, que está inextricablemente mezclado con todas y cada una de las partes de la totalidad y que dicha totalidad sustenta por completo su ser, encontrará la paz, la seguridad y la felicidad que anhela.

La presente obra, escrita para una audiencia de lectores jóvenes, da buena muestra de las capacidades comunicativas del autor. En ella emplea un lenguaje sencillo y cotidiano salpicado de gran cantidad de dibujos sencillos y divertidos con los que ilustra sus ideas. (En su siguiente y más importante libro, *La Jerarquía del Cielo y la Tierra*, encontramos amplificadas tanto su determinación por escribir de un modo que cualquiera pudiese entender como el uso extensivo de ilustraciones y diagramas. Muchas de las ideas de esta obra se pueden discernir, en forma embrionaria, en *Un retrato poco convencional de ti mismo*).

El mensaje esencial de este libro —respaldado por un pensamiento profundo, valiente y honesto y escrito con pasión desde el corazón— es que no eres lo que las normas y las convenciones sociales te dicen que eres, sino que en realidad eres mucho más inmenso, más profundo, más sabio, más misterioso. Así pues, no dejes que tu vida pase de largo sin haberte detenido a admirar el increíble milagro que eres «tú».

Richard Lang
Agosto de 2012

Introducción

E N ESTE LIBRO VOY A DAR POR HECHO que estás interesado en ti mismo, en lo que eres *de verdad*. Asumiré que no piensas que se trate de un tema aburrido, peligroso o perverso.

De entre todos los temas posibles, este, la cuestión de lo que eres tú mismo, de tu misma existencia, es sin duda el más apasionante e importante. Apasionante porque eres como un país virgen, aún sin explorar, lleno de sorpresas a cada paso, un territorio repleto de rincones prohibidos que tan solo puedes entrever y de pistas que te conducen a misterios impenetrables que se despliegan justo frente a ti. E importante porque tu vida es corta y darla por sentado equivale a rechazar tu bien más preciado, tu más valiosa posesión, sin tomarte siquiera la molestia de pararte a observarla. Cuando alguien te envía un regalo no pierdes ni un segundo e inmediatamente te lanzas a abrir el paquete para averiguar qué contiene. Tú —tu cuerpo, tu mente y lo que sea que conforme tu ser— es mucho más fascinante, intrigante y valioso que cualquier simple objeto. Así pues, ¿cómo podría no interesarte?

¿Qué eres? Esta es la pregunta que te hace este libro. Las respuestas son sorprendentes, pero he de admitir que también resultan algo vagas e imprecisas. De hecho, una de las principales conclusiones a las que llegaremos es que no solo no sabes lo que eres, sino que jamás podrás llegar a saberlo. Por así decirlo, eres como un gigantesco signo de interrogación. Como es lógico, el sentido común no está de acuerdo con eso. Según él, por supuesto que tienes una idea bastante buena de lo que eres. No es consciente de ningún misterio especial y está bastante contento con el «tú» superficial. Pero el sentido común es inmensa e irremediablemente inadecuado para esta tarea, y en algunos aspectos su punto de vista es absolutamente erróneo.

Ignora todo menos la superficie, la cual confunde y toma por la esencia, por la verdadera sustancia de la que estás hecho. Su mundo es, en gran medida, irreal. Así pues, te debes a ti mismo decidirte a hacer frente a la realidad, a los hechos tal como se presentan, por perturbadores que puedan resultar. Y aunque la verdad sobre ti mismo sea en su mayor parte desconocida e incognoscible, un signo de interrogación completamente honesto siempre será mejor que una ilusión. En cualquier caso, buscar la realidad que se esconde tras las apariencias es una ocupación absorbente que, si bien exige dedicación, también conlleva su propia recompensa.

En las páginas siguientes a menudo sacrificaremos la precisión en aras de la sencillez expresiva. Cuando he tenido que optar entre usar un término técnico o una palabra común, he optado por la segunda, y siempre que he tenido la más mínima excusa para dibujar algo —tanto si se trataba de algo «representable» como si no— lo he plasmado en un pequeña ilustración. Si con estos medios consigo que alguna de mis ideas cobre vida para ti, que pase a ser tuya aunque quede un poco distorsionada en el proceso, entonces habré logrado mi objetivo. El uso de una gran cantidad de tecnicismos tan solo habría alejado al texto de sus lectores. Como en la vida, en el mundo de las ideas también ocurre que a veces un amigo de dudosa reputación vale más que todas las personas correctas y decorosas que conocemos.

1

El retrato sin modelo

¿Qué eres?

I NTENTEMOS RESPONDER A ESTA PREGUNTA de manera simple y sencilla, prescindiendo de todo adorno. Apelemos al sentido común.

Este nos dice que eres tu cuerpo, lo cual resulta evidente por cómo hablas cuando te refieres a ti mismo. Por ejemplo, si tu estatura sobrepasa la media, dices: «Soy alto». Si alguien te da un puñetazo en la nariz, dices: «Me ha golpeado». Cuando muere el cuerpo de alguien, dices que esa persona «ha muerto». Hasta los filósofos dicen cosas como que «han cenado muy bien», en lugar de referirse a lo bien que ha cenado su cuerpo.

Es evidente que nos consideramos a nosotros mismos como nuestro cuerpo. El sentido común te dice que, independientemente de qué otras cosas puedas ser, tú eres tu cuerpo y tu cuerpo eres tú.

¿Qué es tu cuerpo?

Según el sentido común, es una masa de carne y huesos que pesa unos setenta kilos, mide más o menos un metro sesenta y está equipado con piernas, brazos, etc. Los detalles del interior podemos dejarlos en manos de los médicos, pues se ocupan precisamente de eso. En lo que a ti respecta, tu cuerpo es precisamente lo que parece ser. Sabes lo que es.

Mírate la mano. Ahí está, es un objeto sólido que aparece a unos treinta centímetros de distancia de tus ojos, una imagen familiar que no entraña nada particularmente misterioso.

Pero examinemos con más detalle cómo te ves la mano.

La luz incide sobre tu piel, rebota y se dirige a cada uno de tus ojos. Una vez allí impacta en una pantalla ubicada en la parte posterior del globo ocular y produce la imagen de la mano. Ahí está tu mano, dentro del globo ocular, diminuta, aplanada y colgando boca abajo.

Aunque sigue siendo reconocible, tu mano ya no es lo que era al principio. No obstante, aún han de producirse transformaciones más drásticas. El proceso de la visión no termina con estas imágenes invertidas que aparecen dentro de tus ojos, pues esas imágenes han de traducirse a una especie de código eléctrico y ser enviadas a tu cerebro. Entonces tu cerebro tiene que descifrar el mensaje y, con los datos recibidos, elaborar un tipo de imagen completamente nuevo, una imagen mental de tu mano que te hace tener la impresión de que la mano vuelve a ser sólida, que ha salido de tu cabeza y se encuentra a unos treinta centímetros de distancia, que se ha agrandado hasta recuperar su tamaño original y se ha girado nuevamente, de modo que recupera la posición correcta. Cuando creas esta imagen mental es cuando «ves tu mano».

Seguramente todo esto no sea nuevo para ti, sobre todo si eres aficionado a la fotografía, ¿pero te has parado alguna vez a considerar que este proceso tan bien conocido de la vista reduce al sentido común a un puro sinsentido? Si lo haces, el mundo nunca volverá a ser el mismo lugar que era antes para ti.

Veamos de nuevo en qué consiste el proceso de la vista, pero esta vez de un modo mucho más preciso. En primer lugar, decimos que lo que une o relaciona a la mano de ahí fuera con la mano que se forma dentro de tus ojos es la luz. Pero ¿qué es exactamente la luz? Tenemos la costumbre de pensar que por el mero hecho de haberle puesto nombre a algo y haber observado someramente cómo se comporta ya entendemos lo que es. Es cierto que los científicos han elaborado teorías que explican cómo se desplaza la luz de un lugar a otro; saben a qué velocidad viaja y en qué circunstancias es capaz de doblar las esquinas, pero en realidad no pueden decirnos *qué es* la luz. O, si pueden, lo hacen explicándola en términos de un misterio igualmente profundo como son los fotones o la propagación de ondas en el éter.

¿Qué ocurre en el espacio que separa a la mano «real» de ahí fuera de la mano que se forma en los globos oculares?

Al parecer, algo, sea lo que sea, ha de recorrer ese trecho, pero ciertamente ese algo no es tu mano, ni tan siquiera una
imagen de la misma. Lo que sea que realice ese recorrido no se
parece ni a lo que existe en el punto de partida ni a lo que hay
en el punto de destino. Es como si tu mano tuviese que transmitir en código Morse una descripción detallada de sí misma
que, después, tus ojos recogen, descifran y usan como instrucciones para, por así decirlo, pintar una imagen.

En el colegio dibujábamos diagramas que mostraban el
comportamiento de la luz y creíamos que, al realizarlos, ex-
plicábamos algo. Todas aquellas líneas rectas y flechas tenían
una apariencia satisfactoria, un aspecto de conclusión resoluti-
va. Parecía que ponían fin al asunto. Nunca se nos pasó por la
cabeza que tal vez resultase tan imposible dibujar un diagrama

que explicase cómo A-B llega hasta B-A como, por ejemplo, podría ser hacer un dibujo que explicase lo contentos que estábamos en vacaciones.

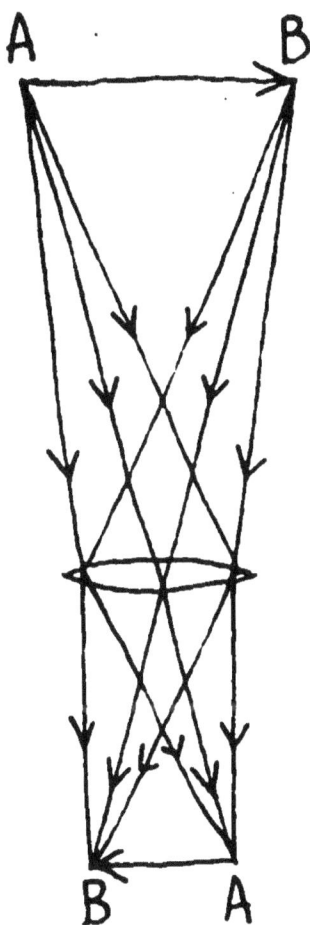

Pero si no sabemos prácticamente nada sobre la forma en que la información atraviesa el espacio que va de nuestra mano a nuestro ojo ni sobre cómo se realiza este viaje, ¿qué garantía tenemos de que no se producen alteraciones por el camino?

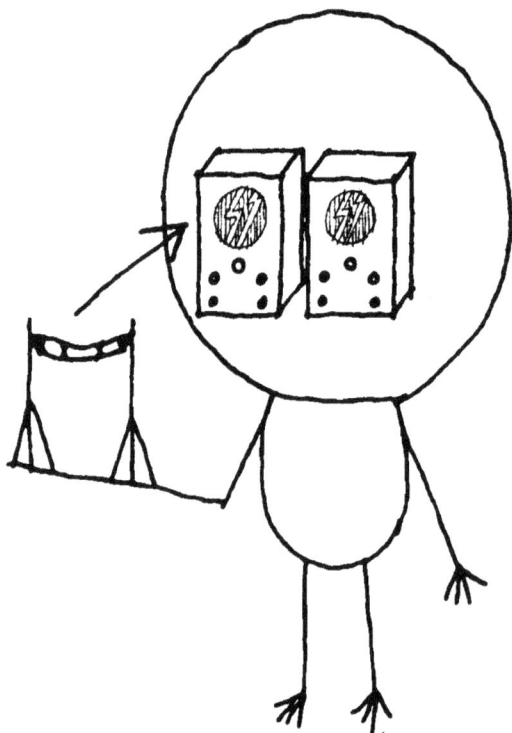

¿Cómo sabemos que el mensaje original se tradujo correctamente en forma de código? ¿Cómo sabemos que dicho mensaje nos está dando toda la información sobre nuestra mano, sin dejarse nada por el camino? ¿Cómo sabemos que la imagen que aparece en nuestros ojos no se ha distorsionado al formarse?

Sabemos que está distorsionada, hasta el punto de que está al revés, es plana y mucho más reducida que la original. Así pues, no tenemos ninguna garantía de que no se haya visto distorsionada o alterada de muchas otras maneras.

Sea como fuere, lo cierto es que esas dos imágenes coloreadas de tu mano están ahí, en la parte posterior de tus ojos, y tu cerebro ha de ponerse en contacto con ellos de algún modo.

Cómo ocurre esto es todo un misterio. Ni siquiera los expertos saben prácticamente nada sobre cómo todos los detalles
inmensamente complicados de las imágenes que se forman en
tus ojos pasan a convertirse en una especie de descripción, un
informe o una lista de datos, ni tampoco sobre cómo se envía
esa información a través de los cables telegráficos mediante los
cuales llega al cerebro. Hablar de cambios electroquímicos en
las fibras nerviosas (por ejemplo) puede sonar impresionante,
pero lo cierto es que no nos explica nada. Este tipo de «explicaciones», que no hacen más que agrandar el misterio, pueden

suponer conocimientos interesantes e importantes, pero no son explicaciones en absoluto.

Sin embargo, lo que ocurre en ese trayecto, si bien resulta muy enigmático y misterioso, casi parece comprensible cuando lo comparamos con los eventos que tienen lugar cuando la información alcanza su estación de llegada. Una vez ahí, el cerebro recoge el mensaje codificado enviado por el ojo, se pone a trabajar en él y, finalmente, produce una idea. Esa idea es la correspondiente a tu mano, aparentemente a treinta centímetros de distancia, de nuevo al derechas y con un aspecto completamente sólido.

No hay duda de que algo muy pero que muy extraño ha su-
cedido. Hasta ahora, todos los pasos habían tenido lugar en el
espacio: la mano original tenía unos veinte centímetros de largo
por diez de ancho; la luz viajó unos treinta centímetros desde la
mano hasta tus ojos; la imagen que se formó en tus ojos medía
unas cuantas micras de largo; las fibras nerviosas que sirven de
conexión entre los ojos y el cerebro se pueden ver y medir; y,
finalmente, la región del cerebro que se ocupa del proceso de la

visión ocupa una cierta cantidad de milímetros cúbicos. Todas estas cosas se pueden medir, pero al final se traducen en algo que no se puede medir porque no ocupa ningún espacio en absoluto.

La imagen mental que tienes de tu mano no está dentro de tu cabeza. Ni, para el caso, tampoco está fuera de ella, aunque yo la he dibujado así en el diagrama. La imagen mental existe, pero no está en ninguna parte. No está ubicada en el espacio, y está tan dentro de tu cerebro como puedan estarlo los objetos que están situados a cien kilómetros de distancia. (Si te resulta difícil creer en algo real que no ocupa ningún espacio, no veo ningún problema en que lo concibas como algo que llena todo el universo, como algo que al mismo tiempo que se encuentra en tu cabeza, en la cúpula de la catedral de san Pablo y en el espacio que separa las estrellas —como algo que, de hecho, está en todas partes—).

Y puesto que la imagen mental de tu mano, estrictamente hablando, no está en ninguna parte, tampoco puede ser ni grande ni pequeña. Cuando piensas en un grano de arena, ese pensamiento no es pequeño, ni tampoco se te hincha la cabeza cuando miras un elefante.

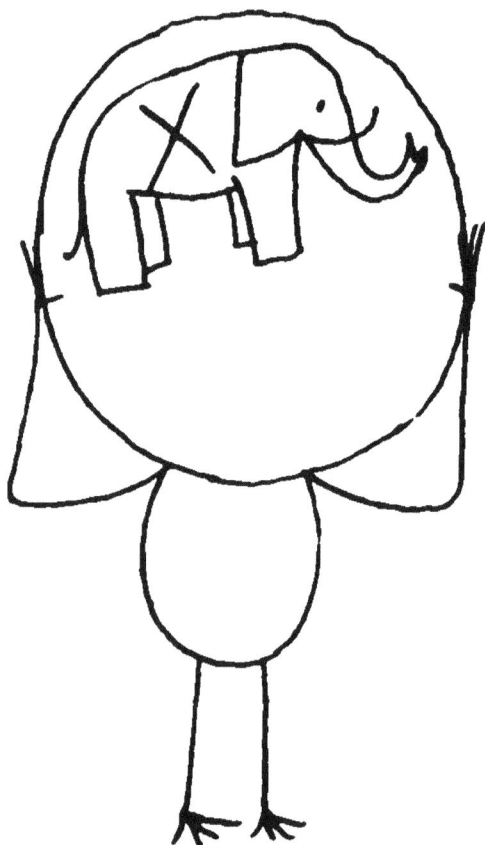

La imagen mental que tienes de tu mano no mide veinte centímetros de largo. Es la imagen de un objeto que, efectivamente, presenta esa característica, pero la imagen en sí es algo completamente distinto.

Si por algún extraño milagro pudieses echar un vistazo en este momento a tus propios ojos, lo que encontrarías ahí sería una reproducción de esta página colgando boca abajo, como si se tratase de un pequeño póster pegado en la pared posterior de tus globos oculares. Pero si, gracias a un milagro aún más increíble, pudieses viviseccionar tu propio cerebro, por mucho que buscases jamás encontrarías ninguna reproducción, ninguna página, ninguna imagen de nada parecido. Las imágenes no están ahí. Ni el libro ni la mano de tu experiencia se encuentran fuera de tu cuerpo, pero tampoco se hallan dentro de tus ojos o de tu cerebro. Son objetos mentales, cosas que no están en ninguna parte pero que, no obstante, son totalmente reales.

¿No te parece fantástico? Claro que sí. Y resulta aún más fantástico cuanto más nos paramos a pensar en ello. Mirarte la mano parece ser el proceso más simple y sencillo del mundo, pero en cuanto dejamos de dar por sentado el proceso de la visión y realizamos una investigación elemental, encontramos milagros tan impresionantes que hacen que hasta el más venerable santo del almanaque parezca un simple aficionado de dudosa competencia. Si supieses con exactitud cómo te ves la mano, probablemente lo sabrías todo.

Nuestra ignorancia de todo este asunto es profunda. Por ejemplo, no tenemos ni idea de hasta qué punto la imagen mental se parece en verdad a la mano de ahí fuera, a la mano original, por así decirlo. Piensa, por ejemplo, en el color rosado de la mano original: primero ha de ser codificado, luego, de forma invisible, viaja por el espacio hasta llegar a tus ojos, una vez ahí es descodificado y luego se vuelve a codificar, pero esta vez para enviarlo por un medio muy distinto (por los nervios), hasta que, finalmente, llega al cerebro, donde algún misterioso artista utiliza esa información para darle color a algo que ni tiene tamaño ni se encuentra en ningún sitio concreto. A decir verdad, parece el mayor de los sinsentidos.

Pero lo cierto es que tienes una imagen mental muy clara de tu mano y de su color rosado, y eso es lo único de lo que puedes estar completamente seguro. Si crees que sabes qué hay ahí fuera, lo que se corresponde con el color rosado de la mano que ves, entonces te estás engañando a ti mismo.

Y eso nos lleva a una cuestión de mayor calado. Si el color de tu mano es una creación de tu mente, ¿qué hay de su forma? ¿Qué hay de su existencia misma?

Ni los ojos, ni el cerebro ni ninguna otra parte de tu cuerpo te permite ser consciente de las cosas. Solo puedes saber o conocer las cosas a través de tu mente, y el propio hecho de ver es una clase de conocimiento. Todo lo que ves, desde tu mano hasta la Vía Láctea, está en tu mente. No son más que imágenes mentales.

Para ti, todas sus características (el tamaño, la forma, la textura y el color de todas las cosas que ves, e incluso su existencia) solo son ideas. Todas las personas, los edificios, las flores, los árboles y las estrellas sobre las que hayas puesto la mirada alguna vez no han sido más que imágenes en tu mente.

¿De qué otra forma podrías haberlos visto? Tu mano, las personas, los edificios y todo lo demás, existen única y exclusivamente en tu mente, pero en realidad no es necesario ir tan lejos. Basta con decir que no tienes forma de descubrir cómo son esas cosas en realidad, cómo son ahí fuera, por y en sí mismas. Tu mente solo puede percibir lo que, por así decirlo, llega hasta ella, y cuando nos paramos a considerar todas las alteraciones, modificaciones y transformaciones que tienen lugar en ese proceso, podemos estar bastante seguros de que para nosotros es imposible saber lo que hay ahí realmente al principio de dicho proceso.

Si es la primera vez que te encuentras con esta clase de re-flexiones es probable que no sepas muy bien si considerar todos estos argumentos como una inútil mistificación, como simple palabrería o como una sarta de ingeniosas argucias verbales. Sospechas que se trata de una línea de pensamiento que puede terminar socavando tu mundo por completo, que puede hacer que aquello que consideras «real» parezca irreal.

Supongamos que vas caminando por la calle y un enorme y peligroso tranvía avanza a toda velocidad hacia ti con un gran estruendo.

¿Qué haces en ese caso? ¿Te limitas a mirarlo con calma y a decirte a ti mismo: «Bueno, para empezar, no existe únicamen-te un tranvía, sino, al menos, cuatro: el tranvía aparentemente sólido de ahí fura, otros dos mucho más pequeños, aplanados y cabeza abajo dentro de mis ojos y uno más en mi mente que pertenece a un mundo completamente distinto y en realidad no está en ninguna parte —y que, además, para mí es el único real de los cuatro—? No, claro que no. Te apartas de su camino todo lo rápido que puedes. Si te quedases a investigar si el primero de estos tranvías es real o irreal te darías de bruces con una demostración sumamente vívida y desagradable... Pero, ¿una demostración de qué exactamente?

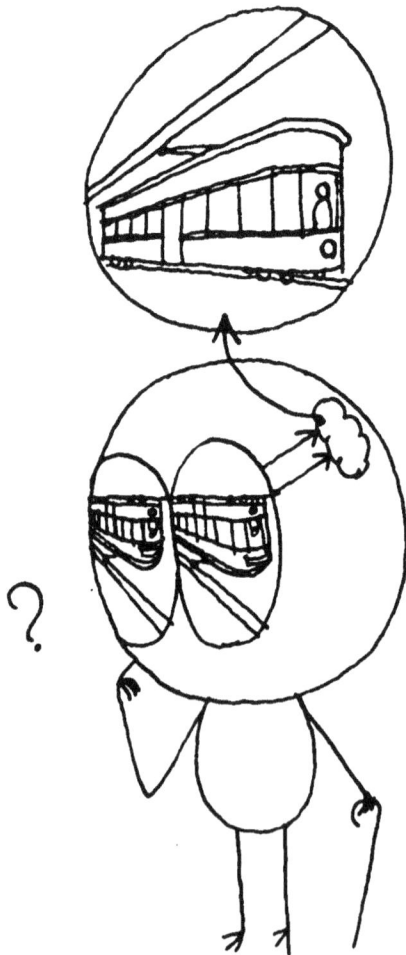

Por supuesto que lo más probable es que te matase, ¿pero probaría eso que, en lo que a ti respecta, el tranvía es algo más que un tranvía mental? En absoluto. El dolor que sentirías después de que el tranvía te atropellase sería, como cualquier otro dolor, una experiencia mental. Tus heridas, al mirarlas y pensar en ellas, estarían presentes en tu mente. Y tu muerte sería una especie de apagón o de desconexión mental o, en todo caso, un cambio de algún tipo que tendría lugar en tu mente. El incidente no habría demostrado que el tranvía fuese algo más que una imagen mental, sino que cuando a la vívida idea de un tranvía aproximándose a ti a toda velocidad le sigue la vívida idea de que no tienes intención de apartarte de su camino, entonces aparece la demasiado vívida idea del dolor y, finalmente, una desconexión total de toda clase de ideas. Toda esta serie de eventos es mental.

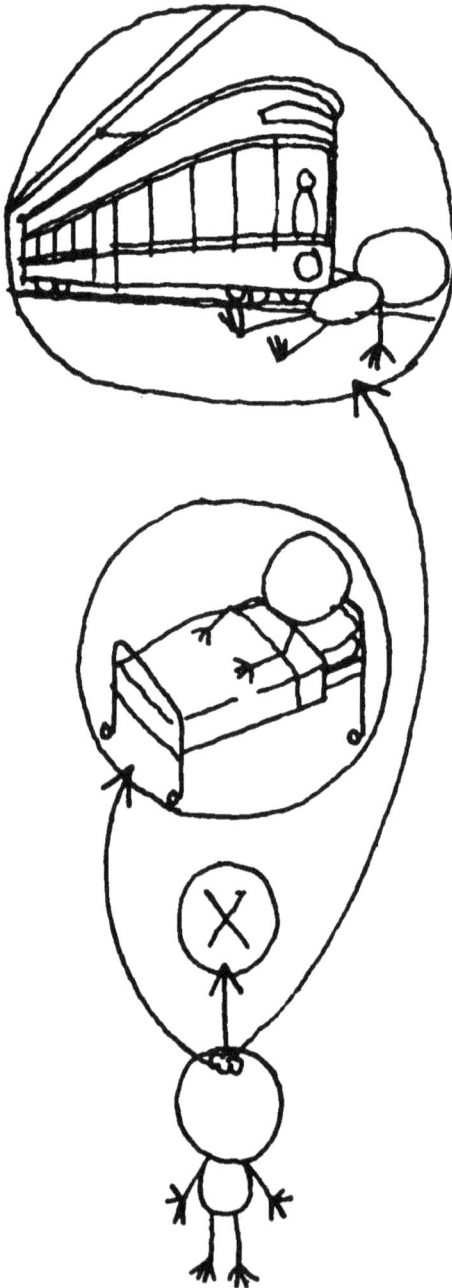

Sabes que esta ingrata secuencia mental es más o menos inevitable a menos que la cambies introduciendo la vívida idea de
esquivar el tranvía, y eso es precisamente lo que haces.

Suponiendo que admitamos que la visión, por sí misma, es
una guía muy poco fiable de lo que hay ahí fuera, a treinta
centímetros de ti, ¿dispones de otras pistas, de otros canales a
través de los cuales puedas recibir información? Cuando chas-
queas los dedos oyes el sonido que producen; con una mano
puedes palpar y sentir la forma de la otra; si un tigre te devora-
se, para él tu mano tendría sabor y olor. ¿Acaso no son las
evidencias que nos proporcionan todos los sentidos, tomados
en conjunto, suficientes para determinar cómo es realmente tu
mano?

¿Qué sucede cuando oyes el chasquido de tus dedos?

Se crean unas ondas que viajan a través del aire hasta llegar a tu oído, y una vez ahí golpean contra el tímpano y lo hacen vibrar. Esas vibraciones se transmiten enseguida a un recipiente que es como una especie de pequeño piano lleno de líquido. Cuando el líquido se pone en movimiento, algunas de las «cuerdas de piano» (y hay unas 10.000) comienzan a resonar y envían al cerebro un mensaje que informa de qué cuerdas en concreto han entrado en vibración. El resultado es que «oyes un sonido».

Pero ¿dónde está exactamente ese sonido que escuchas? No se encuentra en los dedos; no está en el aire que media entre los dedos y el oído; no está en el recipiente de detrás del tímpano ni en las cuerdas del piano; no está en el mensaje que el piano transmite al cerebro; ni, finalmente, tampoco está en el cerebro mismo. No está *en* tu mente. El mundo externo y todos los complicadísimos acontecimientos que se desarrollan en tu cabeza son completamente silenciosos. Es tu mente la que crea el sonido.

Y lo mismo ocurre con las sensaciones táctiles, el olor y el gusto. Son objetos mentales. Está fuera de toda duda que algo en el mundo «externo» las ha producido, pero sea lo que sea ese algo, ciertamente no se parece en nada a tus sensaciones.

Lo que conoces es la idea que tienes de tu mano, la cual es intensamente real para ti como una forma, como una superficie coloreada, como algo que puedes tocar y oír, pero la mano «real» de ahí fuera, el objeto tal y como es en sí mismo, eso está fuera del alcance de tu conocimiento.

Y lo mismo es cierto para el resto de tu cuerpo. El sentido común cree que sabe qué es tu cuerpo, pero está equivocado. Lo que llamas «tu cuerpo» no es más que una idea, o más bien un sistema de ideas extremadamente complejo y elaborado que aparece en tu mente. Si esos setenta kilos de carne y hueso tienen algún tipo de existencia propia independiente de nuestra mente, la naturaleza de dicha existencia permanece completamente oculta para nosotros.

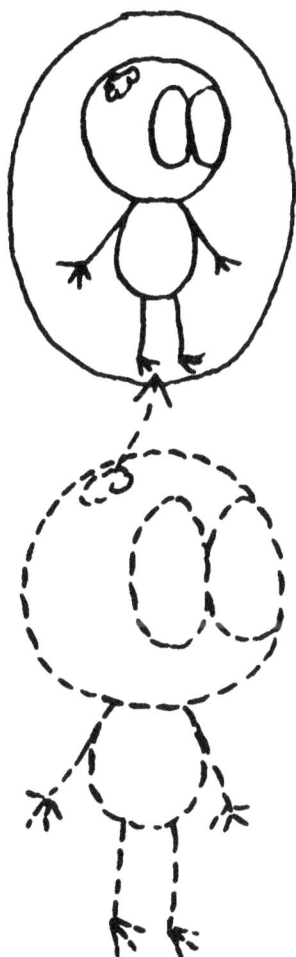

De donde se desprende que cuando el sentido común te dice que eres tu cuerpo tal como existe ahí fuera, por sí mismo, lo que está afirmando en realidad es que no solo eres desconocido, sino que, además, eres imposible de conocer.

2

La ciudad andante

N OS DISPUSIMOS A PINTAR un retrato de ti, pero el modelo desapareció.

«Lo cual —añade el sentido común —tampoco nos lleva demasiado lejos... A fin de cuentas, todas las personas se comportan como si supiesen lo que son ellas mismas y lo que es el mundo que les rodea. Y aunque estas asunciones pueden no estar justificadas, parecen funcionar. Si esta "idea" que tenemos de nuestro cuerpo es lo suficientemente buena para la población en general y para los científicos en particular —y está claro que ellos saben de qué hablan—, entonces también es lo suficientemente buena para mí. La filosofía no nos lleva a ninguna parte, mientras que el sentido común (y la ciencia no es más que la aplicación de dicho sentido común) acepta el mundo que conocemos y de ese modo consigue avanzar un largo trecho en lo que respecta a darle una explicación. Si quieres saber lo que eres, pregunta al científico, no al filósofo».

Muy bien. Entonces ignoremos por ahora las conclusiones del capítulo anterior y formulemos nuevamente la pregunta «¿Qué eres?».

El sentido común responde que eres un cuerpo provisto de una vida, es decir, un individuo. Pero ¿cómo ha surgido esa vida? ¿De dónde surge o emana esta individualidad? ¿Cuál es la base de tu existencia como la persona que eres?

Si tratamos de dar respuesta a estas cuestiones examinando tu estructura corporal, ¿podríamos, mediante una búsqueda cuidadosa, despojarte de todo aquello que no sea esencial y encontrar en algún lugar al verdadero «tú», el «corazón» o el núcleo central de tu ser? No. Por mucho que lo buscásemos jamás encontraríamos algo así en tu organismo. Lo único que descubriríamos sería una enorme población de animales.

Estos billones y billones de animalillos no son intrusos, ni habitantes ocasionales, ni siquiera huéspedes en régimen de alquiler; son tú. En realidad eres una ciudad andante.

Los ciudadanos, a los que denominamos *células*, se presentan en muchas formas y tamaños, y cada uno de ellos está adaptado a la labor concreta que ha de desempeñar. Algunos se mueven por todo tu cuerpo, se alimentan por el camino y, de hecho, se comportan casi como si estuviesen sueltos en un estanque y nadasen a sus anchas. Otros —la mayoría— llevan una vida sedentaria. Les traen la comida y se pasan el día en casa ocupándose de sus tareas.

Del mismo modo que la vida en una ciudad solo puede sustentarse y prosperar adecuadamente si sus ciudadanos hacen pan, mantienen limpios y despejados los desagües y las carreteras, reparan los edificios antiguos y construyen otros nuevos, tú tampoco podrías vivir si tus millones de ciudadanos no hiciesen su trabajo concienzudamente. Por supuesto, estos habitantes no tienen ni idea de que al ocuparse de cosas como barrer, recoger las basuras, atender las conexiones telefónicas, llevar a cabo trabajos de construcción, acarrear materiales de aquí para allá o criar a los niños están haciendo que tú seas posible. No son conscientes de que, de hecho, ellos son tú. Cuando una célula-policía se arrastra por tu organismo y procede a arrestar y devorar a un intruso, no está en absoluto interesada en ti o en tu salud, sino en conseguir alimento para sí misma. Pero este desconocimiento, el hecho de que sea inconsciente tanto de ti como de sus conciudadanos, no afecta en lo más mínimo a su eficacia.

Imagínate lo que sucede cuando alargas la mano para pasar una página de este libro. Se pone en marcha una tremenda actividad municipal magníficamente organizada. Millones de ciudadanos se ponen en acción: los supervisores dan instrucciones, los operadores telefónicos establecen conferencias interurbanas, las oficinas de información envían sus informes, los fornidos obreros jalan y empujan... Y el resultado de todo eso es que tu brazo se mueve.

Lo que «tú» haces, en realidad lo hacen tus células. Tu vida está hecha a partir de la suya.

Si un par de estas células fuesen lo suficientemente inteligentes como para pensar y hablar, dirían algo así:

Célula 1 (Un verdadero genio entre las células): ¿Por qué tenemos que trabajar tan duro y con tanto fervor para encontrar alimento, ocuparnos de las comunicaciones telefónicas, criar a nuestra familias, construir esto y aquello?

Célula 2: Para ganarnos la vida, claro está. Una célula ha de ganarse el sustento.

Célula 1: Sí, lo sé, pero me preguntaba... ¿No crees que tal vez exista algo más en el mundo, una especie de Célula-Dios

—llamémosle Pepito García—, que de algún modo sea responsable de nuestra febril actividad?

Célula 2: Bueno, y ¿dónde está esa «Célula-Dios»? Creeré en ella cuando la vea.

Célula 1: Yo tampoco la he visto, pero tengo la sensación de que... Puede que no esté ahí afuera, sino aquí. Es decir, en nuestro interior, en ti y en mí. Ya sé que va en contra del sentido común, pero aun así...

Célula 2: Eso suena a misticismo peligroso.

Célula 1: ¡Ya lo tengo! Nosotros —tú, yo y todos nuestros compañeros— somos ese Pepito García. Cuando nos ocupamos de realizar nuestras pequeñas tareas en realidad estamos llevando a cabo sus enormes acciones. Juntos, nuestros pequeños cuerpos forman su Gran Cuerpo. Nuestras pequeñas vidas son su Gran Vida. Admito que solo en momentos de profunda comprensión la idea significa algo para mí, pero, en todo caso, siento que es así.

Del mismo modo que a esta célula de inteligencia sobrenatural le resulta difícil comprender la idea de que su vida constituye una parte diminuta de la tuya, es posible que a ti también te resulte complicado entender que en realidad eres una metrópolis ambulante en la que dicha célula es un ciudadano más. Cuando una célula-policía de tu sangre está a punto de devorar a un criminal, no se detiene a formular ningún comentario compasivo sobre tu bienestar antes de comérsela. Y, de un modo muy similar, cuando tienes frente a ti al tranvía que te está embistiendo no te dices a ti mismo: «Nosotros —el millón de seres que forman este organismo— hemos de cooperar y hacer algo al respecto. ¡Venga células! ¡Moveos!». Tus células no podrían estar menos interesadas en ti que tú en tus células. Absolutamente inconscientes el uno de las otras, os limitáis a seguir con vuestra vida en vuestras muy distintas esferas.

Esto nos plantea la siguiente pregunta: ¿Cómo surges tú —uno, indivisible, inteligente, consciente de ti mismo— a partir de esta multitud de animalillos increíblemente eficientes pero diminutos, necios e inconscientes? Si un millón de personas idiotas no pueden concitar entre todas ellas ni un solo pensamiento inteligente, ¿cómo es posible que tú, que eres un asilo ambulante de entidades ciegas, sordomudas y descerebradas, seas al mismo tiempo una criatura cuyo pensamiento abarca el universo entero?

Nadie sabe cómo ocurre. Podemos ponerle —como de hecho hacemos— nombres ampulosos y rimbombantes a este misterio, multiplicar los casos de estudio y arañar levemente su superficie, pero lo único que hemos descubierto hasta ahora es misterios y más misterios cada vez más profundos.

Una hipótesis es que las cualidades que te convierten en un ser humano siempre han estado ocultas en los animalillos que te componen. Otra sostiene que Dios hizo una especie de juego de manos y se sacó de la manga estas cualidades en un momento en que la creación miraba hacia otra parte. Una tercera opinión afirma que nuestra vida humana y nuestra conciencia de nosotros mismos surgen a partir de las relaciones personales extremadamente complejas (por así decirlo) que establece nuestra población animal. Posiblemente haya algo de cierto en estas tres «explicaciones», pero en realidad no explican la situación más de lo que un manojo de líneas y flechas en un diagrama explican lo que es la luz.

Eres como una suma que siempre sale mal. Un «matemágico» va tomando a los habitantes de la ciudad uno por uno, los cuenta y, como resultado, obtiene una cantidad X. Luego los cambia se sitio, prueba esto y lo otro, los pone aquí y allá y, tras interminables experimentos, consigue organizarlos formando un patrón extremadamente intrincado. Entonces vuelve a contarlos y esta vez le sale X + Y.

Da igual las veces que compruebe y vuelva a comprobar la suma, pues es incapaz de identificar, aislar o dar una explicación a la aparición de ese intruso, ni tampoco la ciencia o el sentido común son capaces de explicar exactamente qué es o cómo ha llegado hasta ahí.

3

El arte de la amputación

«DE ACUERDO —replica el sentido común—, no sé nada sobre el interior de mi cuerpo, pero suceda lo que suceda dentro de estos setenta kilos de carne y hueso, por extraordinaria que sea esta ciudadela andante, al menos puedo estar seguro de que se trata de una ciudad amurallada. Sé donde termino. La piel delimita mi cuerpo. El mundo está dividido en dos partes bien diferenciadas: mi cuerpo y todo lo que queda fuera del mismo. Tal vez no sea una característica demasiado profunda, pero al menos gracias a ella sé algo claro, concreto y seguro sobre mi organismo.

De nada sirve —continúa argumentando el sentido común— indicar que la distinción entre el mundo externo y yo mismo no está clara porque mi mente está llena de estrellas, tranvías y todo lo que veo. Yo me refiero a mí mismo como un cuerpo, como un objeto que nunca se ha mezclado con ningún tranvía ni ninguna estrella. Puede que no sea más que un saco lleno de misterios, un pellejo repleto de enigmas, y puede que el mundo también sea un lugar extraordinario, pero al menos sé a ciencia cierta dónde termina uno y dónde empieza el otro. Solo un sofista podría defender lo contrario».

Bien, aceptemos el reto que nos plantea el sentido común y hagámonos algunas preguntas al respecto:

Pregunta: Veo que llevas dientes postizos. ¿Forman parte de tu cuerpo?

Respuesta: Por supuesto que no.

P: ¿Por qué no?

R: Porque están muertos.

P: Pero tus huesos están hechos principalmente de material inerte depositado por células vivas. ¿Quieres decir entonces que tus huesos no forman parte de tu cuerpo?

R: No. Mis huesos son parte de mí porque no están sueltos. No son partes independientes o de quita y pon como los dientes postizos.

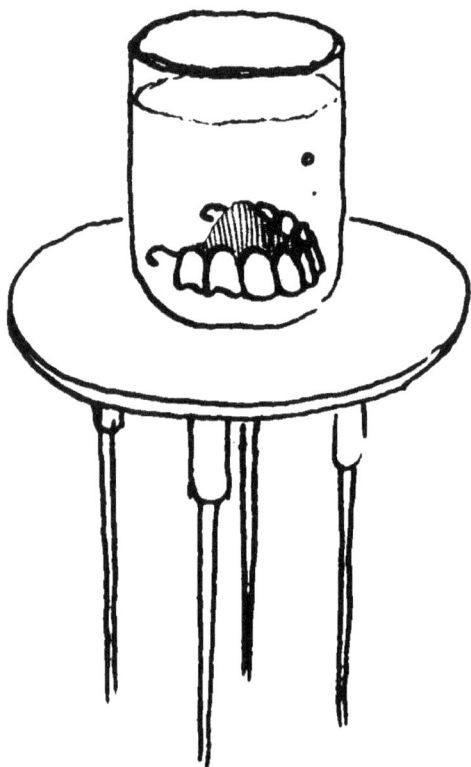

P: ¿Entiendo entonces que una cosa muerta o inerte puede ser parte de tu cuerpo pero algo suelto, algo que no esté firmemente unido a él, no puede serlo?

R: Correcto.

P: ¿Qué me dices de los jugos gástricos y la saliva? Son cosas que están sueltas y muertas, por lo tanto, ¿podemos considerarlas como parte de tu cuerpo?

R: Supongo que sí.

P: Pero en ese caso, el hecho de que tus dientes postizos sean de quita y pon no los descalifica. No más, en todo caso, que el hecho de no estar vivos. Así pues, tendrás que encontrar otro motivo para excluir de tu cuerpo tus dientes postizos.

R: Mis dientes postizos no forman parte de mi cuerpo porque no han crecido junto con el resto de mi organismo.

P: Bien. Por favor, bébete este vaso de agua. Ahora, dentro de unos instantes, parte de esa agua fluirá por tus arterias y una fracción de la misma acabará dentro de tus células. ¿Entonces, será parte de ti?

R: Sí.

P: Pero el agua no ha crecido junto con el resto de tu organismo.

Así pues, ¿cómo es posible que sea parte de ti?

R: Porque cumple una función en relación con mi cuerpo.

P: ¿Esa es la verdadera razón por la que es parte de ti?

R: Sí.

P: Por lo tanto, ¿todo aquello que realice una función o sea de utilidad en conexión con tu cuerpo es parte de él?

R: Supongo que sí.

P: ¡Entonces los dientes postizos también son parte de ti!

No obstante, tras esta indagación el sentido común se siente engañado. No está satisfecho, por lo que exige más explicaciones.

Tu cuerpo es una colección de herramientas e instrumentos. Tu mano, por ejemplo, es una herramienta para agarrar cosas, tus ojos son instrumentos de visión, tus piernas son aparatos que te sirven para impulsarte. Tú, como cuerpo, sabes cómo hacer que te crezcan todos estos dispositivos que te permiten manejarte en el mundo.

Pero las herramientas que desarrollas de forma natural son sumamente inadecuadas para el tipo de vida que llevas. Tu mano desnuda no puede escribir una carta, cortar un pedazo de papel limpiamente o perforar un trozo de madera. Tus ojos son unos instrumentos ópticos maravillosos, pero no puede percibir animales mucho más pequeños que un ácaro ni los detalles de la superficie de la luna. Tus piernas, por muy musculosas que sean, no sirven cuando se trata de viajar realmente rápido. Antes de poder llevar a cabo estas tareas, tienes que desarrollar algo más, y eso es justamente lo que haces, si bien de manera artificial.

Amplías tu cuerpo, lo prolongas con diversas extensiones. Para escribir una carta coges un bolígrafo y, de ese modo, lo añades a tu cuerpo. Temporalmente, te ha salido una protuberancia en el extremo de tu brazo derecho. Cuando quieres ver los detalles de la pata de una mosca, haces que te crezca, en ese momento, una nueva parte frontal en tus globos oculares que adopta la forma de un microscopio. Si quieres llegar a algún lugar rápidamente haces que te crezcan ruedas. Cuando quieres romper cosas te sale una especie de puño sólido y pesado al que llamamos *martillo* que sirve perfectamente para ese propósito.

Si tienes frío añades a tu cuerpo una piel gruesa al ponerte un abrigo y, tan pronto como tienes calor, te deshaces de ella. Cuando tus dientes naturales ya no se pueden arreglar, te crece una dentadura postiza.

De hecho, tu cuerpo se compone de dos partes: una parte orgánica, carnal, que te acompaña toda la vida, y otra parte adquirida que aparece y desaparece a voluntad. Vayas donde vayas, siempre llevas contigo los órganos del primer cuerpo, mientras que los del segundo puedes guardarlos en otro sitio y dejarlos ahí, listos para empalmarlos a tu cuerpo cuando así lo requieras. Echemos un vistazo a algunas muestras de tu anatomía artificial.

Tomemos, por ejemplo, una silla. Cuando te sientas en ella te salen cuatro patas más, con lo que tienes seis en total, igual que las moscas. Obviamente, resulta muy conveniente tener estas cuatro patas adicionales, pero siempre que podamos amputarlas a voluntad.

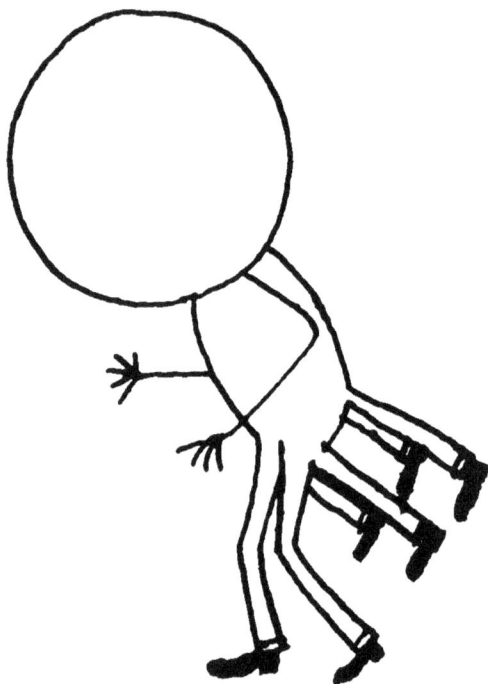

Puedes levantarte y desprenderte de cuatro de tus patas. Una mosca, por el contrario, tiene que cargar todo el tiempo con sus seis patas, incluso a pesar de que le resulten tan inútiles cuando está volando como a ti tener que cargar con las patas adicionales de la silla cuando caminas.

O fijémonos en unas tenazas. Cuando quieres agarrar algo con fuerza, coges las tenazas, con lo cual te crece una pinza al final del brazo. La langosta ha hecho lo mismo, pero sus pinzas, al ser naturales, son fijas. Al haberse comprometido de por vida con la tarea de agarrar cosas con fuerza, se ha vuelto incapaz de taladrar, cortar o limar, mientras que tú eres lo suficientemente inteligente como para añadir a tu cuerpo una tenaza artificial que puedes amputar en cualquier momento y luego volver a desarrollar otra extremidad que sea un taladro, un cuchillo, una escofina o cientos de instrumentos diferentes.

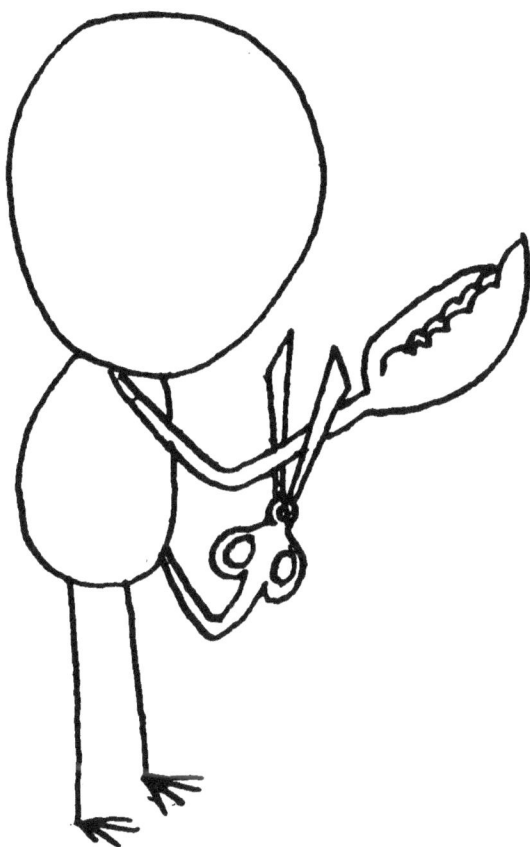

A la hora de comer, sería muy útil que una de las uñas de tu mano derecha fuese lo suficientemente grande y resistente como para poder usarla como cuchara, y otra de la mano izquierda podría hacer las veces de tenedor. Pero tales protuberancias te estorbarían bastante entre comida y comida. Te resulta mucho más práctico y conveniente contar con un juego de uñas de metal —por así decirlo— que puedes colocar al lado del plato, lo que te permite hacer que te salgan un par de manos idóneas para dar cuenta de cada clase de comida.

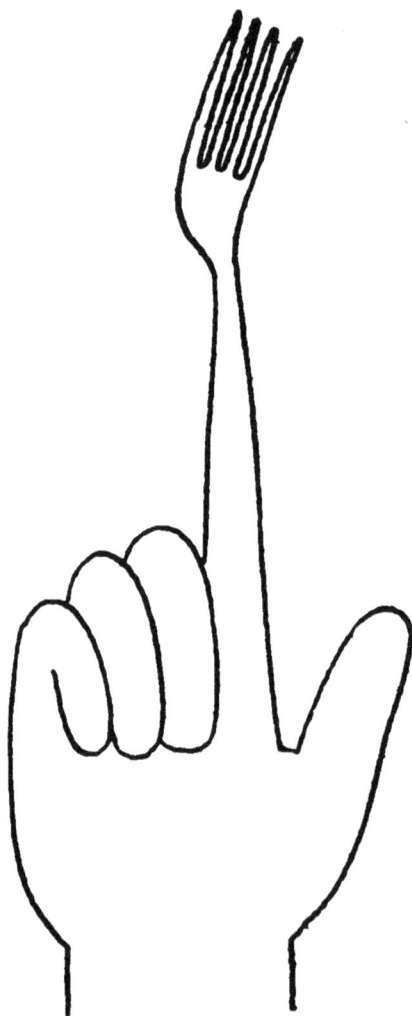

Las prácticas sanitarias modernas exigen que elimines tus deshechos bien en la planta depuradora de tu localidad, o bien directamente en el mar. Se me ocurren tres formas en las que puedes hacerlo. Puedes desplazarte hasta ahí todos los días; puedes hacer que tu organismo desarrolle (o que la naturaleza lo haga por ti) un intestino natural que conecte tu casa con la alcantarilla, el cual seguramente sería subterráneo en su mayor parte, con lo que quedaría oculto bajo la acera; o bien puedes añadir a tu cuerpo un intestino artificial (conocido como *desagüe*) de la misma longitud, que puedes añadir y quitar de tu cuerpo tantas veces como quieras. Resulta obvio que este tercer método es infinitamente más eficiente.

Si quieres escuchar a un amigo que te está hablando desde la otra punta de la ciudad puedes: (1) hacerle una visita; (2) quedarte en tu casa y desarrollar una cara tan sumamente asimétrica y desproporcionada que una de tus orejas llegue hasta la ventana de la casa de tu amigo (la naturaleza ya ha hecho cosas más extraordinarias que esto); o (3) añadir a tu organismo una oreja externa hecha de acero, baquelita y cobre y colgar un extremo de la misma permanentemente en la casa de tu amigo y el otro en la tuya, con la parte central tendida en una serie de postes de telégrafos. Como es natural, adoptas el tercer método y usas una oreja artificial que puedes ponerte y quitarte muchas veces al día.

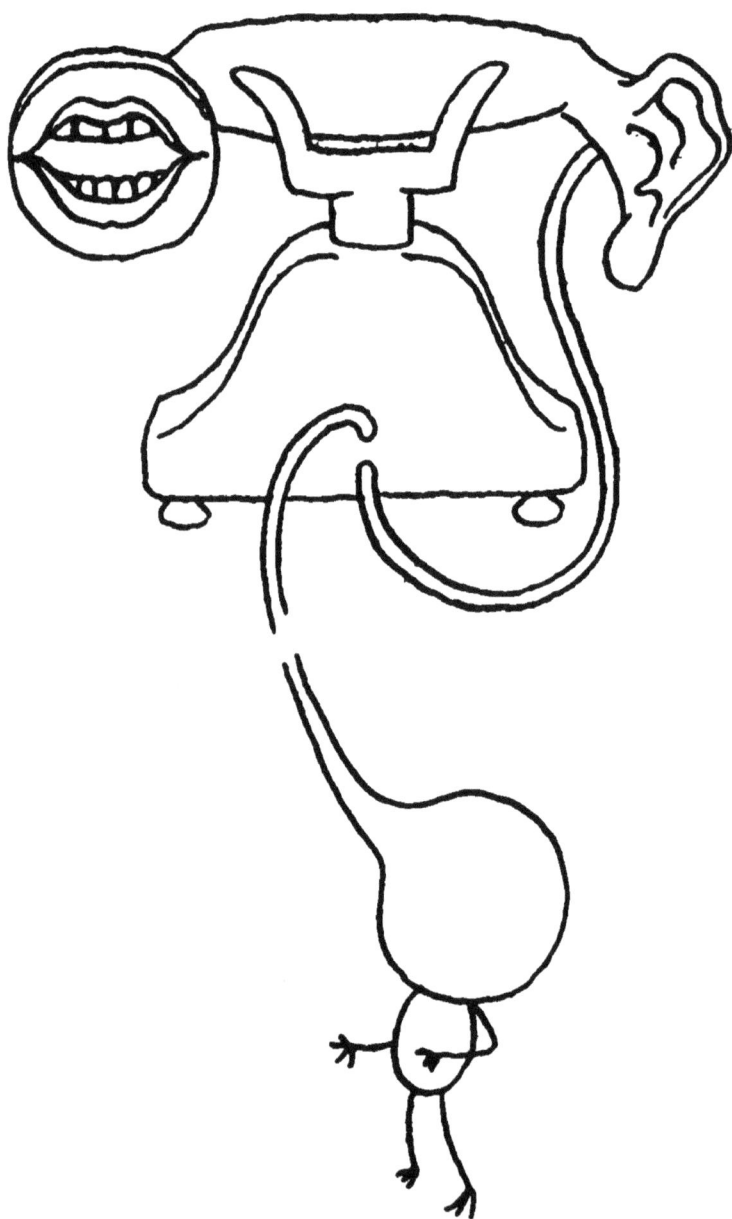

Este tipo de transformación prácticamente no tiene límites. Eres un monstruo capaz de desarrollar, en un periquete y en cualquier dirección, un cuerpo adecuado para cada ocasión. Cuando quieres transmitir tus ideas haces que te salgan un millón de bocas con las que hablar alto y fuerte. Cuando caminar no sirve a tus propósitos, desarrollas alas con las que volar.

Cuando surge la necesidad, puedes convertirte en una imitación bastante aceptable de un pez añadiendo a tu cuerpo un complejo cuerpo submarino.

Pongamos por caso que ahora mismo te estás comiendo una tostada. En realidad empezaste a comerla hace semanas o meses, cuando el maíz del que está hecho ese trozo de pan aún se encontraba en el campo.

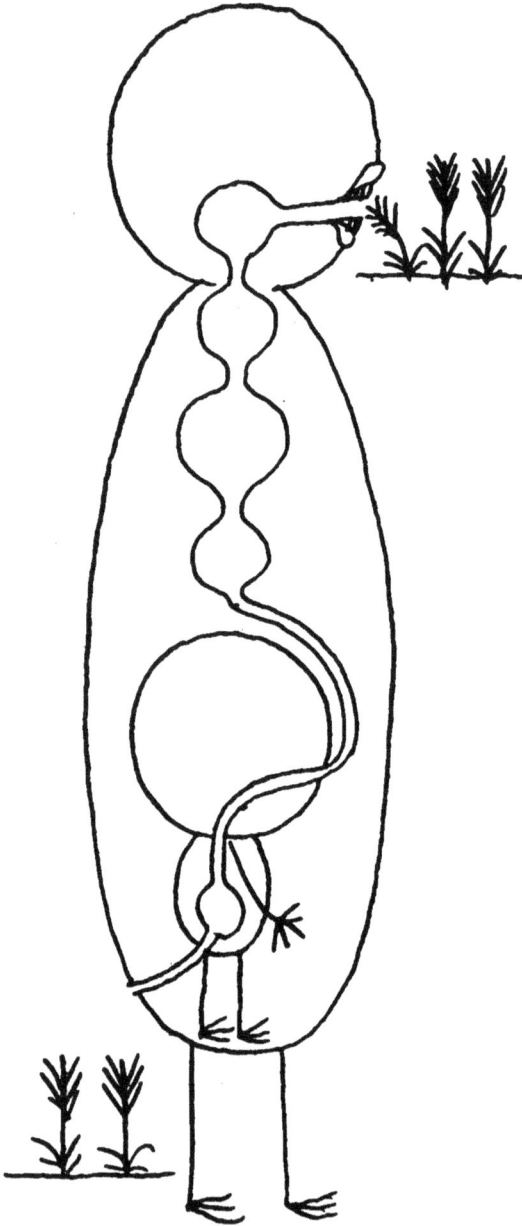

Como cualquier otro animal herbívoro, pastaste en ese campo cuando tus mandíbulas mecánicas (que reciben el nombre de *cosechadoras*) mordieron los tallos de las plantas de maíz. Una vez ingerida, empezaste a digerir la comida: descartaste los tallos y las vainas en tu primer estómago, lo que se conoce como *trilladora* o *desgranadora*. Tu segundo estómago fue el molino en el que se molió el grano para transformarlo en harina. El tercero, la panadería, donde esa harina se convirtió en pan. Y el cuarto, la cocina en la que has tostado esa rebanada de pan. Para cuando la tostada llega a la mesa, ya ha pasado por cuatro de tus estómagos artificiales, cada uno de los cuales ha ido acercando un poco más la materia prima a su forma cuasifinal, es decir, la tostada, ya masticada y tragada, que ahora se encuentra dentro de tu quinto estómago. Finalmente, tus órganos digestivos personales extraen las sustancias útiles, mientras que el resto pasa por el intestino artificial y es devuelto a la tierra. Al igual que las vacas, pastas en la tierra y excretas en la tierra. La diferencia es que tu cuerpo es varios millones de veces más grande que el de una vaca y es capaz de pastar en muchos campos al mismo tiempo y de excretar a kilómetros de distancia.

Pero incluso las vacas son parte de ti. Cuando pastan, sus bocas son tu boca; cuando mastican la hierba, sus dientes son tus dientes; cuando producen leche a partir de la hierba, sus órganos son tus órganos. Todos los que bebemos leche somos herbívoros que hemos desarrollado estómagos preliminares capaces de digerir ese tipo de alimento.

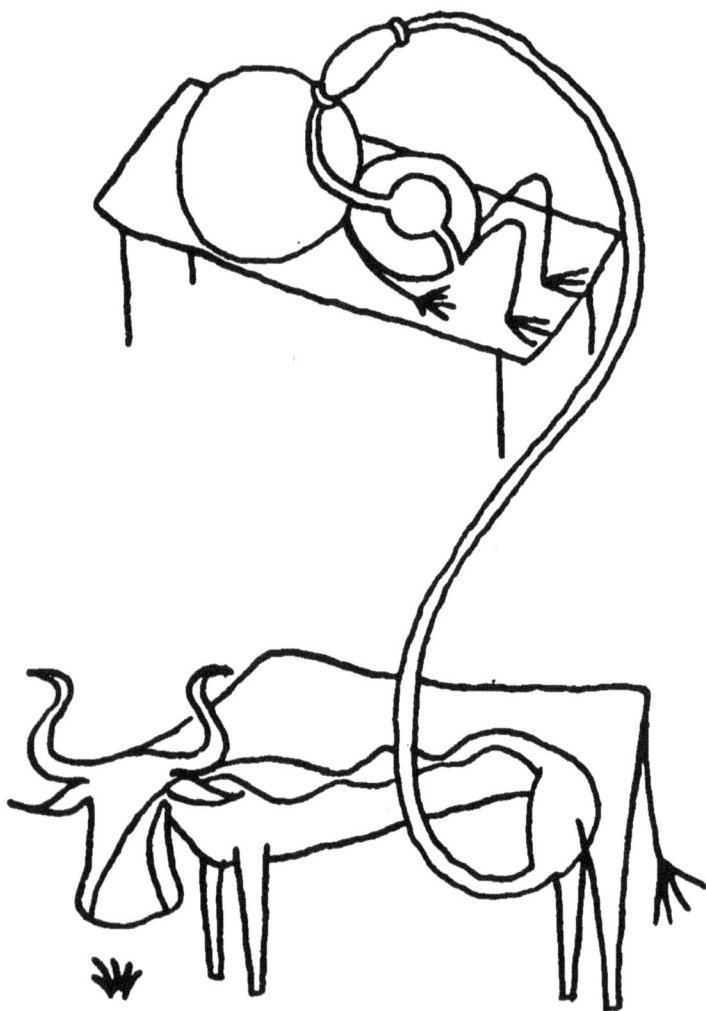

Tienes bocas por todas partes. Una red de pesca que se arrastra por el lecho marino es tu boca alimentándose. Cuando el lenguado que está a punto de ser atrapado en la red captura una presa, eres tú quien está comiendo. Cuando el pavo que piensas sacrificar para la cena de Navidad picotea el maíz en el corral, eres tú quien picotea el maíz.

También tienes ojos por todas partes. Cuando se graban eventos que tienen lugar en China o en Perú y luego tú los ves en la pantalla del cine, las cámaras que filmaron esas escenas son tus ojos. Los fotógrafos de los periódicos son personas que van por ahí llevando colgado al hombro en un estuche de cuero que guarda otro de tus ojos, y si se encuentra con algo que cree que te gustaría ver, saca tu ojo y le levanta el párpado.

Y también tienes manos por doquier, desde la herramienta más pequeña hasta una planta industrial de varios kilómetros cuadrados. Un martillo hidráulico de una tonelada es una extensión de tu mano en la misma medida que el martillo que usas en casa para tus pequeños trabajos de bricolaje. La única distinción importante es que el martillo hidráulico es, por así decirlo, un puño con mucha más potencia, mientras que el martillo de carpintero no lo es. Una excavadora mecánica que horada la ladera de una montaña es una especie de pala a la que se le ha conferido mayor potencia, y una pala de mano no es una simple pala, sino una protuberancia con forma plana que se añade al brazo humano pero que, como el resto de herramientas, es de fácil amputación.

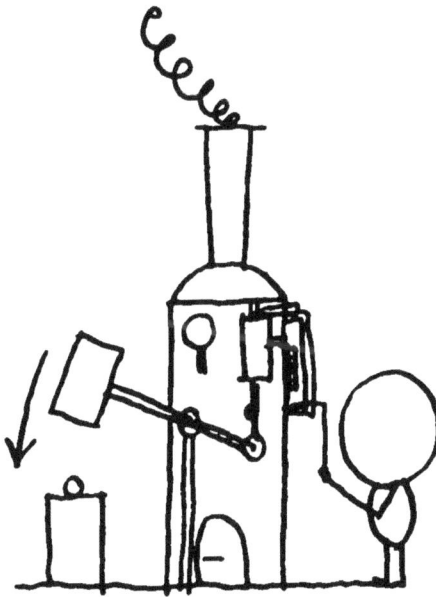

Para que la inmensa mayoría de tus ojos, bocas, estómagos y manos externas funcionen hacen falta operarios, personas que

se encarguen de ellos. Los hombres y mujeres que manejan las
palas mecánicas, conducen las cosechadoras, hornean el pan,
graban películas, ordeñan vacas, echan carbón en las locomoto-
ras, construyen casas, administran leyes o limpian los desagües
—en realidad, todo aquel que realice alguna labor socialmente
útil— son tus órganos en la misma medida que las herramientas
y los aparatos que manejan.

Las herramientas, las máquinas, los animales, las personas,
todas las cosas que contribuyen a hacer que tu vida sea como es,
son extensiones de tu cuerpo. Son tu medio de vida, y los necesitas para vivir en la misma medida que las manos, los pies o el
hígado. De hecho, muchos de tus órganos externos o artificiales
son más importantes para ti que buena parte de los que componen tu cuerpo de carne y hueso. Si te privasen del apéndice,
de las uñas, las cejas e incluso de parte del estómago aún podrías seguir llevando una vida muy similar a la que llevas ahora.
En cambio, la amputación permanente de algunos de tus estómagos preliminares, de las extensiones de tu intestino o de tu
cubierta protectora te dejaría bastante maltrecho y mal equipado para la vida. Es muy posible que ni tan siquiera sobrevivieses
a la operación. Por mucho que el sentido común trate de con-
vencerte de lo contrario, la chaqueta que llevas puesta en este
momento es, en un sentido muy real, al menos tan parte de ti
como tus cejas.

Pero, entonces, ¿dónde terminas? Si los teléfonos son extensiones de tus oídos y tus cuerdas vocales, si las fábricas de alimentos y el ganado son tus estómagos, si los trenes, los auto-
móviles, los aviones y los barcos son tus piernas, alas y aletas
artificiales, si las bibliotecas son órganos de tu memoria, si todo
esto y mucho más forma parte de tu cuerpo mayor —de tu
cuerpo extendido—, ¿dónde acaba este cuerpo y comienza el
mundo exterior?

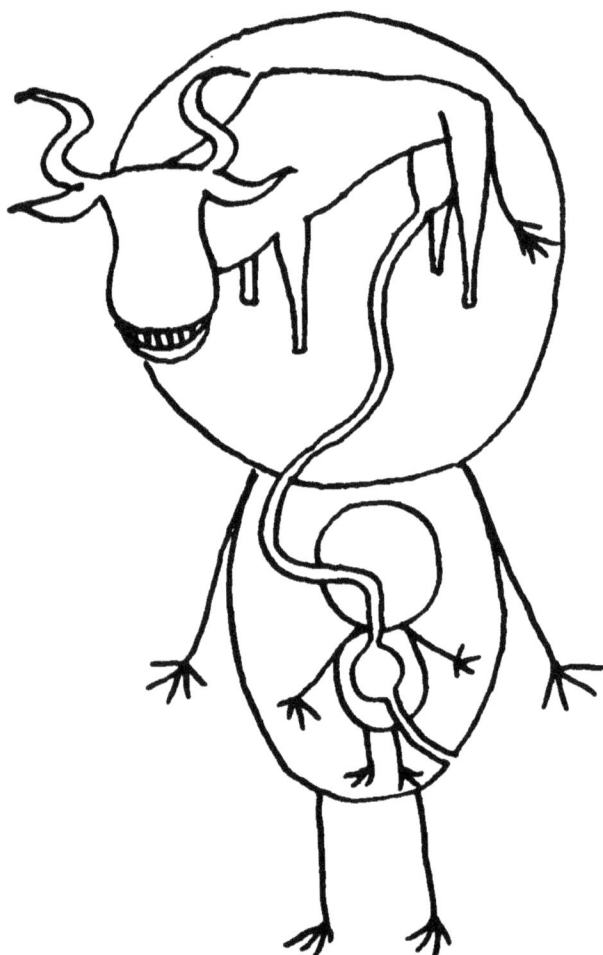

Si la vaca que extrae nutrientes de la hierba para ti forma parte de tu ser, ¿no es parte de ti también, y en la misma medida, la hierba que extrae nutrientes de la tierra y el aire? La hierba es un elemento tan esencial en el proceso de untar mantequilla en las tostadas como puedan serlo la vaca o la lechera. La hierba, al igual que los dientes postizos que hemos visto al inicio de este capítulo, realiza una función útil en relación con tu cuerpo, es parte de ti. Y si es parte de ti, ¿no son también parte de ti la tierra y el aire de los que en última instancia proviene tu alimento?

Del mismo modo, si tu casa es una especie de caparazón o de cubierta protectora —algo así como una piel dura de quita y pon de la que sobresalen tus diversos órganos artificiales—, y dicho caparazón ha de contar con unos cimientos que se hundan en la tierra, ¿no es la tierra una parte necesaria de tu cubierta protectora y, por tanto, de ti mismo?

Y así con todo. Tu cuerpo carnal se difumina en tu cuerpo extendido, y ambos se difuminan en la tierra y aire.

Una forma de resumir la situación sería decir que aquellas cosas de las que solo tú dependes pertenecen a tu cuerpo de una manera especial, mientras que las cosas de las que tú y otras personas dependéis pertenecen a tu cuerpo en un sentido más extenso o remoto. El mundo no está dividido en dos partes, la que está dentro de ti y la que queda fuera de ti, sino que te pertenece en su totalidad. Todo, si bien en mayor o menor grado, forma parte de ti.

Eres como una especie de cebolla formada por un núcleo central envuelto por cinco capas o pieles, las cuales, aunque son distinguibles, no están netamente divididas unas de otras. El núcleo es tu cuerpo de carne y hueso, la misteriosa ciudad andante del capítulo anterior. Eres tú en un sentido especial, de una manera sumamente específica y particular; no puedes cambiarlo por otro ni compartirlo con nadie más.

1. La primera capa es la sección personal de tu cuerpo artificial: tu ropa, tus gafas, tus dientes postizos, tu pluma estilográfica, tu cepillo de dientes y otros artículos destinados a tu uso exclusivo. Esta sección de tu cuerpo se puede amputar y reemplazar por partes, y en su mayoría podría injertarse en otra persona sin mayores dificultades. Sin embargo, por lo general no compartes este conjunto de órganos con los demás; de toda la vasta anatomía de tu cuerpo artificial, esta es la fracción más íntimamente tuya.

2. La segunda capa es una organización mundial de animales domésticos y plantas, así como de máquinas, libros, carreteras, ferrocarriles, barcos, aviones, edificios, etc., junto con los hombres y mujeres que los producen y se ocupan de ellos. Todas estas cosas forman parte de tu cuerpo, dependes de ellas, hacen

que tu vida sea propiamente humana, pero también las compartes con muchas otras personas, y en ese sentido podría decirse que son menos tuyas que tu cepillo de dientes o tus riñones.

3. La tercera capa, el planeta mismo, es aún más vasto y extenso, y es propiedad de todos. Eres tan dependiente de esta capa externa de tu ser como lo eres de la carne y la sangre del

centro, y si hemos de describirla como una parte periférica de tu anatomía es únicamente porque compartes la Tierra con todos los demás hombres, animales y plantas que la habitan. Por supuesto que, en cierto sentido, esta tercera piel también penetra hasta el núcleo, pues tu carne está hecha de tierra y aire que, bajo diversas formas, fluyen a través de tu cuerpo carnal en una corriente constante que lo va reemplazando gradualmente, lo que te permite seguir vivo. Nadie puede determinar con precisión dónde terminan la tierra y el aire de tu cuerpo carnal y comienzan la tierra y el aire de lo que comes, lo que bebes y lo que respiras. Y por una buena razón: tu cuerpo extendido *es* el planeta Tierra.

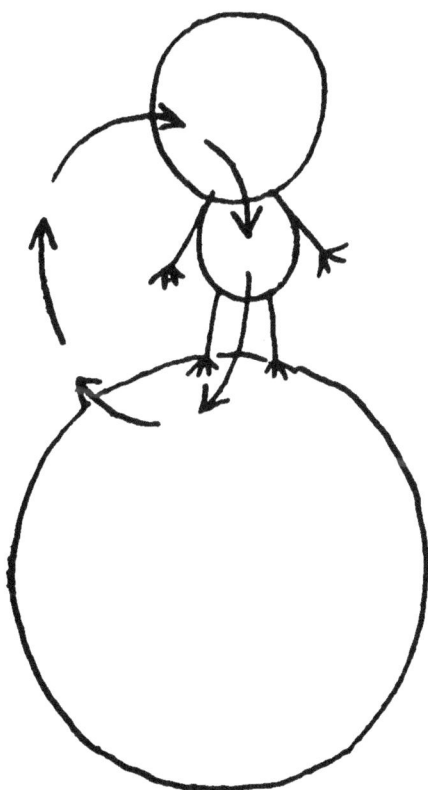

4. ¿Y por qué no incluir también el sol? En él tienes un órgano que produce luz, calor, que da lugar a las estaciones y al ritmo día/noche. El sol, al igual que la Tierra, los tranvías, tu chaleco y tu corazón, forma parte de tu cuerpo, y si te fuese amputado tendrías tantas posibilidades de sobrevivir como si un cirujano te extirpase el cerebro. Tanto el sol como la Tierra, su planeta, constituyen la base material de tu vida. Son necesarios para que puedas seguir funcionando.

5. Y por último está el universo mismo, del cual nuestro sistema solar no es más que una pequeña partícula. El sol necesita el universo como morada, como lugar en el que puede existir; la Tierra necesita al sol para que este la ilumine y la caliente; la hierba necesita el suelo de la Tierra para crecer; la vaca necesita la hierba para comer; tu estómago necesita a la vaca para que le abastezca de leche; y el resto de tus órganos naturales necesitan a tu estómago para alimentarse. Todo esto, desde el universo hasta el más diminuto de tus ciudadanos celulares, son órganos de tu vida. En última instancia, tu cuerpo es la totalidad de las cosas.

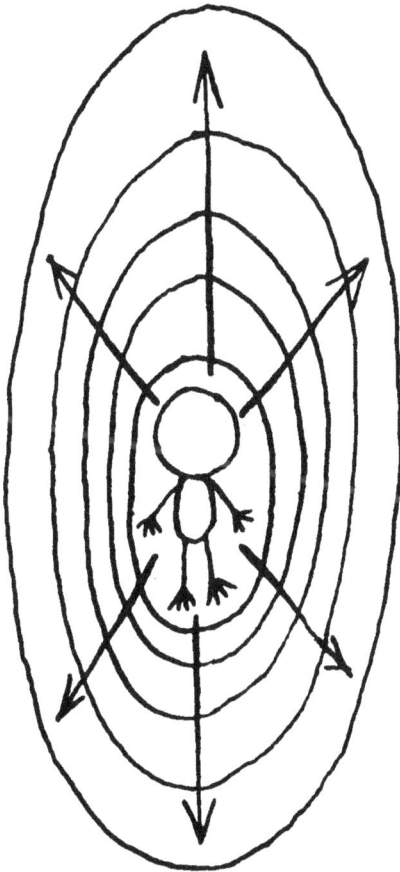

«Eso —replica el sentido común— es el colmo del absurdo. Puedo estar de acuerdo contigo cuando dices que cada vez que uso un cascanueces me crece una garra como la de una langosta. Pedirme que considere a un rebaño de vacas como otros tantos estómagos dispersos míos vagando por un prado ya es pedirme bastante. Me pides incluso más cuando quieres que vea todo el planeta como mi cuerpo, pero pretender que crea que soy el universo entero ya es ir demasiado lejos. No me tengo por especialmente humilde, así que me podrías persuadir de que me considerase a mí mismo como la obra maestra de la Creación, pero hasta ahí —a considerarme como una creación— puedo llegar».

El sentido común te dice que eres tu cuerpo, y para nada hemos tratado de poner en entredicho dicha afirmación. Al contrario, hemos seguido su pista para ver dónde nos conducía. Y nos ha llevado a una visión de ti mismo como algo que se extiende y se dispersa hasta abarcar todo el universo.

Por mucho que el sentido común insista en lo contrario, lo cierto es que tu cuerpo no termina en la piel. No eres tan solo un pedazo de carne de setenta kilos pegado por las plantas de los pies a una bola que atraviesa velozmente el espacio. No, el mundo no es algo ajeno a ti, no es algo separado o distinto de ti mismo. Tu vida no se encuentra solo aquí, en tu cuerpo carnal, sino también en tu cuerpo extendido: en los tranvías, los campos, el ganado, las casas, la tierra, el aire y el sol. Cuando contemplas todas estas cosas, te estás viendo a ti mismo.

En tu centro se encuentran las células, con todos esos enormes signos de interrogación sobre la materia, la vida y la conciencia. En tus extremidades se halla el universo entero, también con unos signos de interrogación aún más grandes, y el sentido común tan solo es capaz de comprender mínimamente una pequeña fracción de lo que queda entre estos dos enigmas.

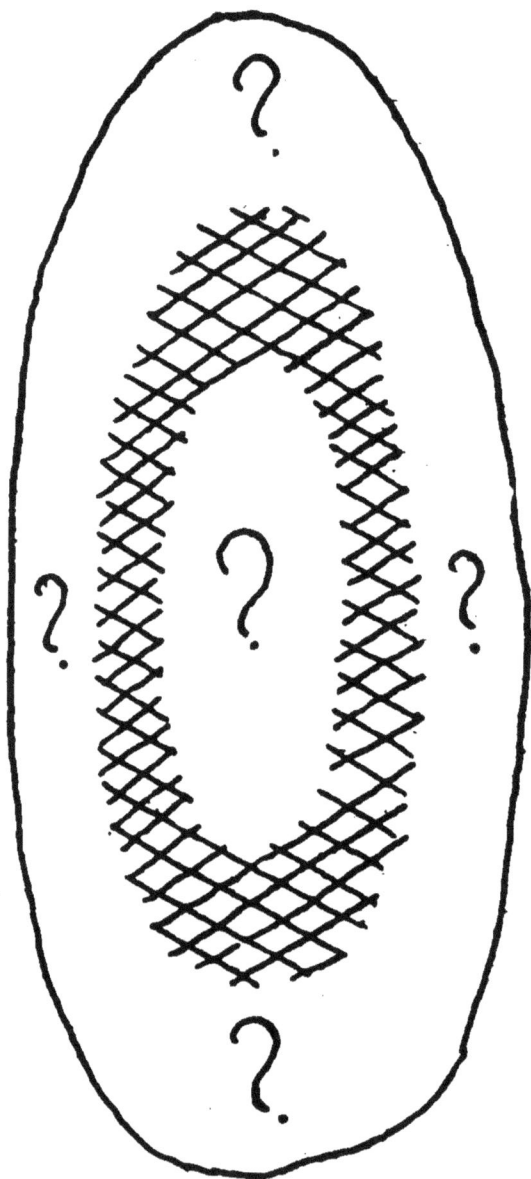

4

La Enredadera

«EL ERROR DE ESE PUNTO DE VISTA —puntualiza el sentido común— está en que resulta demasiado egocéntrico. Parece que consideras el universo como una especie de apartamento con servicio incluido, con todos los electrodomésticos más avanzados instalados para tu propio beneficio personal. Pero la realidad no tiene nada que ver con eso, como no tardarías en descubrir si te dignases a echarte un vistazo a ti mismo desde fuera. Aléjate de ti mismo, toma un poco de distancia, da unos pasos atrás y verás tu vida humana tal como es: una pequeña e insignificante vida humana entre otros dos mil millones de pequeñas vidas humanas, separadas e independientes, que luchan por ganarse la vida lo mejor que pueden en un mundo hostil. Harías bien en adoptar una postura más sensata, más acorde con el sentido común, sobre la raza humana, el punto de vista que podría tener un completo extraño si estuviese sobrevolando el planeta desde lo alto del cielo y observase la tierra con ayuda de un potente telescopio».

¿Por qué no hacerlo? Hay tantas formas de ver al hombre como observadores, y sin duda cada forma de verle tiene algo de verdad. Así que la visión que de nosotros pudiera tener un observador celestial ha de ser tan válida como cualquier otra.

Así pues, digamos que este observador de las alturas está examinando nuestro planeta y no tiene ninguna noción preconcebida sobre lo que está sucediendo en su superficie. Su telescopio, por cierto, no es lo suficientemente potente como para que pueda vernos a ti y a mí como seres diferenciados. En ese caso, ¿qué es lo que ve?

Pues los continentes, por supuesto, como si fuesen grandes islas en medio de los océanos. También ve los polos blancos, las zonas amarillentas de los desiertos y las manchas verdes de los lugares en los que la tierra es fértil. Esas zonas de distintos colores le desconciertan. Observa que se expanden y se contraen a medida que los desiertos, las selvas, la tierra y el mar, se van invadiendo y reemplazando unos a otros. Y también se fija en que las manchas verdes tienden a volverse marrones a intervalos regulares. Se pregunta qué fenómeno es el que puede estar coloreando las distintas zonas.

Pero estos patrones jaspeados han estado presentes durante tantos millones de años que nuestro observador ha tenido tiempo de dejar atrás su sorpresa inicial. Ahora lo que llama su atención es un fenómeno más reciente. No sabe muy bien si describirlo como una especie de «Enredadera» gigantesca, un pulpo hipertrofiado o una especie de hongo, pero sea cual sea su naturaleza, parece consistir en una inmensa red de finas hifas, tallos o vástagos. Estas hileras giran y se retuercen sobre la superficie terrestre y se abren paso a través de ríos y montañas, e incluso —aunque nuestro observador no puede verlo— bajo el mar. A intervalos variables se entrecruzan y, en los puntos de unión, producen masas, acúmulos o racimos muy densos y compactos de distintos tamaños, o bien se dispersan hasta diluirse por completo. En algunos lugares los filamentos crecen muy despacio, o no crecen en absoluto. En otros florecen extraordinariamente.

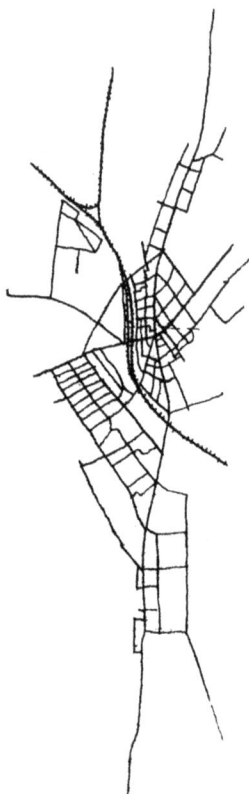

Nuestro observador está fascinado por el fenómeno que ha descubierto y empieza a tomar notas sobre sus hábitos. Tiene la sensación de que una planta —si es que es tal cosa— tan asombrosa bien merece un estudio botánico pormenorizado.

Por ejemplo, se fija en que la Enredadera parece crecer más rápido en las zonas que se encuentran a mitad de camino entre los polos de la Tierra y el ecuador. Aunque se ha extendido por la mayor parte de la superficie terrestre, es evidente que tiene preferencia por los climas templados. También parece que le atraen los ríos, mientras que procura evitar las blancas zonas polares y, en menor medida, las zonas que conservan de forma permanente una tonalidad amarillenta.

Un aspecto peculiar de la criatura es la errática tasa de crecimiento que presenta. Durante muchos miles de años creció lenta y esporádicamente, marchitándose en gran medida en zonas concretas, y de vez en cuando una especie de invierno parecía descender sobre ella, etapas en las que su vida menguaba y grandes áreas de su ser perecían. La criatura sobrevivió de este modo, floreciendo levemente en unas partes y marchitándose en otras, pero en todo ese tiempo no logró nada espectacular. Pero entonces, hace unos cien años, de repente empezó a crecer como nunca antes lo había hecho. Millones de tallos nuevos, robustos y saludables se abrieron paso por zonas de la corteza terrestre que hasta ahora habían permanecido intactas; cuando no era posible cruzar por encima de las montañas, formaban túneles y pasadizos por debajo; gran cantidad de ramificaciones se extendieron sobre los ríos más anchos, aparecieron miles de nuevos acúmulos de filamentos y muchos de los ya existentes aumentaron considerablemente de tamaño. Por alguna razón desconocida, la criatura había adquirido una tremenda vitalidad. Sus ramas se extendieron con seguridad y determinación por toda la tierra.

Últimamente —informa nuestro observador— se ha producido una clara disminución de la vitalidad. Algunas partes de la Enredadera parecen estar sufriendo una especie de enfermedad degenerativa. O puede que se aproxime una época invernal.

Con el fin de conocer más a fondo la historia natural de la criatura, nuestro observador se hace con un telescopio un poco más potente que el anterior, lo que le permite realizar nuevos descubrimientos.

Averigua que la criatura se alimenta de dos maneras distintas. Por una parte, se nutre a partir de los parches verdes de la superficie terrestres (puede discernir toda una red de pequeños succionadores superficiales que, por lo visto, se encargan de extraer los nutrientes). Y, por otra, extrae su alimento echando raíces en la tierra. Estas raíces extraen una sustancia negra que parece servirle como una poderosa fuente de energía. Tal vez también descubra cómo bebe la Enredadera: hundiendo sus raíces en las profundidades y absorbiendo el agua de ríos y lagos.

Carbón

Lago

También logra ver lo que parece una especie de savia que fluye a partir de los tallos de la criatura. Se trata de una sustancia que emana con mayor profusión durante el día y ahí donde los filamentos se agolpan formando los acúmulos más voluminosos. Pero no logra discernir la naturaleza de esa sustancia viscosa (su telescopio no da para tanto). Incapaz de observar nada más de interés, empieza a elaborar teorías con las que poder explicar los hábitos de la Enredadera.

En ese momento recibe la visita de un ser humano que hace gala de su sentido común y se produce la siguiente conversación:

Observador: Mira, echa un vistazo a esta extraordinaria Enredadera que he descubierto. La llamo *Enredadera*, pero sospecho que tiene tanto de animal como de vegetal. Lo más probable es que no pertenezca a ninguno de esos dos reinos, sino que se trate de un tercer tipo de criatura viviente.

Sentido común: Eso no es una criatura viviente. Lo que denominas *filamentos* son simplemente carreteras y líneas de ferrocarril, junto con los edificios que se agolpan en sus márgenes. Lo que llamas *acúmulos* o *racimos* no son más que pueblos y ciudades tal como se ven desde un avión. Los objetos que denominas *raíces* son pozos y minas de hierro y carbón. Y esas cosas que se mueven y que tú confundes con una savia o una sustancia viscosa no es sino una corriente de trenes, camiones, coches, tranvías y otros vehículos. En resumen, todo lo que puedes ver desde aquí está absolutamente muerto.

O: ¿Muerto? ¿Pero cómo puede estar muerto algo de lo que salen tallos y raíces, que come, bebe y sufre enfermedades, algo cuya actividad aumenta con la luz solar y disminuye con la oscuridad?

SC: Los tranvías, las carreteras, las líneas ferroviarias y las minas de carbón no son más que trozos de piedra y metal. ¿Cómo podrían estar vivos?

O: No sé a qué te refieres con *tranvías* o todas esas otras cosas de las que hablas. Nunca he visto nada de eso. Lo que sí puedo ver es la Enredadera, que está igual de viva que tú o yo. De eso no hay duda, es evidente.

SC: Al contrario, es una falacia. Sé de lo que hablo. Yo mismo he visto estos camiones, trenes y tranvías, he montado en ellos, he visto cómo se fabricaban. Aquí arriba estás demasiado lejos para saber lo que está sucediendo ahí abajo, en la superficie de la tierra.

O: Vaya. Esto es realmente de lo más extraordinario. Dices que vives en la tierra y, sin embargo, no eres consciente de la Enredadera. ¡Pero si es lo más obvio de cuanto puede verse en el planeta!... En todo caso, ¿cómo diferencias un ser vivo de uno muerto?

SC: Los seres vivos crecen, se alimentan, excretan y padecen enfermedades. Les afectan las estaciones.

O: Bueno, la Enredadera cumple todas esas características.

SC: Ahora que lo pienso, hay personas que se han dejado engañar y sostienen la teoría de que la sociedad es una especie de dios o de superorganismo. Una teoría ciertamente perniciosa que se han inventado algunos políticos de la peor calaña y sus secuaces. Yo soy demócrata y creo en la responsabilidad del individuo.

O: Pero yo no estoy hablando de la sociedad, sino de la Enredadera. ¿Cómo puedes decir que su vida es una «teoría»? Deja a un lado tus prejuicios terrestres y observa cómo son las cosas desde aquí. Ahí está, puedes ver con tus propios ojos cómo crece y se marchita, cómo come y bebe, cómo se contagia de enfermedades y luego se repone nuevamente. Ya puestos, ¿por qué no dices que un árbol es también una teoría perniciosa? O, para el caso, tú mismo.

SC: No estás entendiendo la idea principal, que es que cada parte del árbol está viva, mientras que esta «Enredadera» está compuesta principalmente de piezas o componentes inertes, sin vida, como, por ejemplo, los tranvías.

O: No pretendo conocer lo más mínimo la fisiología de la Enredadera, así que te creeré si me dices que muchas de sus partículas, al considerarlas por separado, están muertas. Sin embargo, estás muy equivocado cuando dices que las partículas de un árbol están vivas, pues no es así.

SC: Supongo que te refieres a las moléculas de las cuales, según los químicos, está compuesto el árbol, pero parece que te olvidas de que las moléculas son extremadamente pequeñas, mientras que los tranvías son objetos ciertamente voluminosos.

O: ¿Entiendo por tus palabras que no podemos considerar a la Enredadera como criatura viva porque está hecha de partículas muertas que son grandes, mientras que el hecho de que un árbol esté formado por diminutas partículas muertas no es obstáculo para que esté vivo?

SC: Eh... Sí.

O: ¡Pero eso es absurdo! Lo que te confunde es que la Enredadera tiene, por así decirlo, una textura más conspicua, más voluminosa y espesa, que la del árbol, pero eso es justo lo que cabría esperar en una criatura que es millones de veces más grande que el árbol de mayor tamaño que pueda existir. En cualquier caso, no es muy difícil discernir cuál es la fuente de tu insensatez: tu propio tamaño. En la tierra eres lo suficientemente grande como para ver los árboles y los tranvías, pero demasiado pequeño para ver la Enredadera. Si fueses más pequeño, digamos más o menos del tamaño de una molécula grande, ni siquiera verías el árbol. Tan solo verías una colección de partículas muertas, y en ese caso para ti el árbol no sería más que una teoría —seguramente, perniciosa—. No podrías ver el árbol a partir de sus moléculas, del mismo modo que ahora no puedes ver la Enredadera a partir de sus tranvías.

El sentido común no podría haber hecho nada peor que recurrir a nuestro observador celestial en busca de apoyo. En lugar de confirmar su propio criterio, te ha presentado una imagen de ti mismo como una mera partícula que forma parte del cuerpo de una gigantesca criatura viviente.

Esta criatura viviente no es ni una enredadera gigantesca, ni un animal con hábitos sedentarios, ni un hombre gigante, ni un dios mundano. Tampoco es una sociedad o una comunidad, pues incluye carreteras, vacas, teléfonos, tranvías, alcantarillas y minas de carbón. Decir que la Enredadera es *el hombre* (es decir, la humanidad, la totalidad de los seres humanos) implicaría dar la impresión de que se trata de eso, de un ser humano, lo que sería tan perverso como llamarla *nervio* o *neurona*. Un nombre más exacto sería *la humanidad junto con sus órganos artificiales*, pero en aras de la brevedad, convengamos en llamarla simplemente *Criatura terrestre*.

¿Qué clase de ser vivo es exactamente esta Criatura terrestre? En el último capítulo hemos visto que tu cuerpo no termina en la piel, sino que se prolonga, por medio de órganos externos como teléfonos, desagües y vías férreas, por toda la superficie de la Tierra. Por así decirlo, llenaste la imagen. Ahora ha llegado el momento de que cambiemos de nuevo nuestro punto de vista para que incluya también al resto de la humanidad.

Ya hemos visto que tus órganos externos no te pertenecen únicamente a ti, sino que los compartes con otras personas. Si, por ejemplo, tú y yo compartimos la misma casa, somos gemelos siameses artificiales que comparten un mismo intestino externo, un mismo juego de estómagos preliminares, un mismo caparazón y un mismo sistema de orejas extendidas.

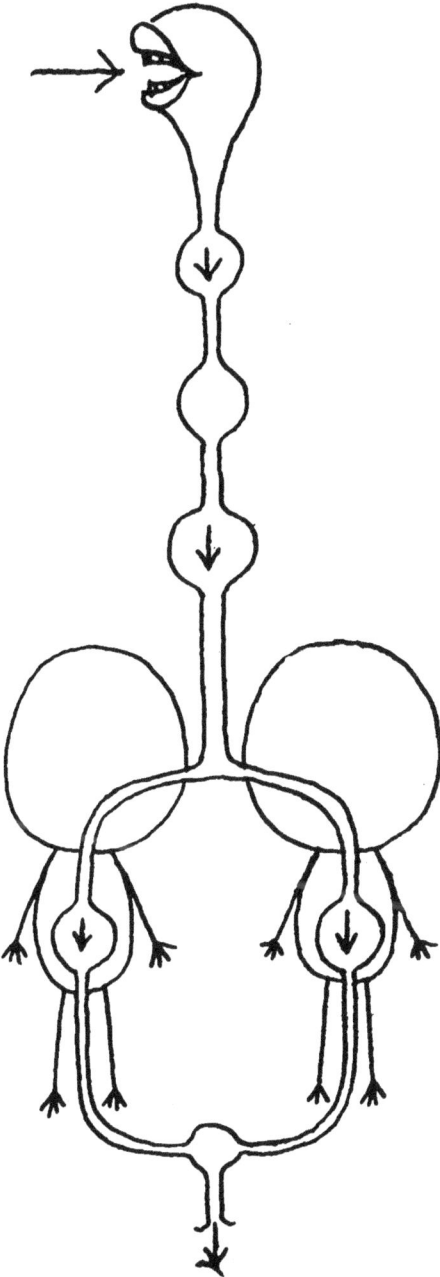

Pero el hecho de compartir los órganos externos no se limita a nosotros dos. Detentamos un cuerpo común que compartimos con todos nuestros conciudadanos. Este cuerpo tiene, entre otros órganos, un tubo digestivo que, someramente, podríamos representar así:

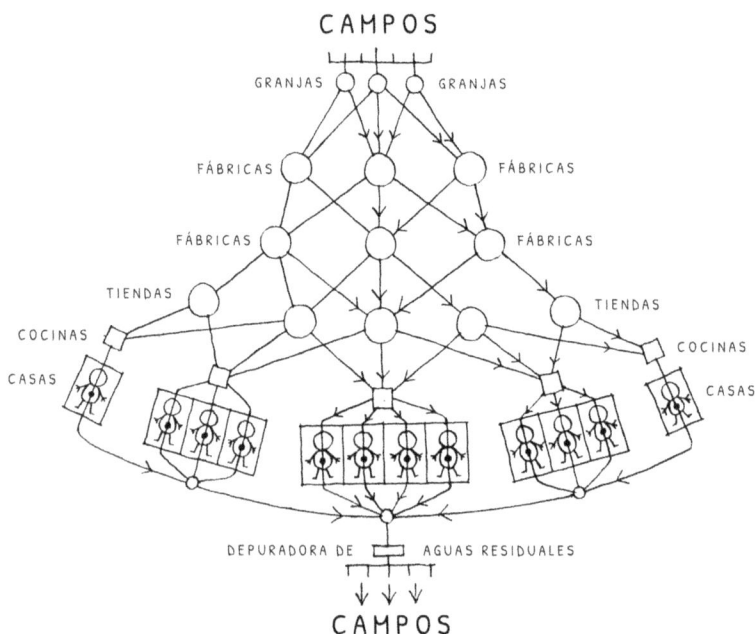

No hace falta que hagamos diagramas para representar otras partes de este cuerpo extendido. Conocemos en detalle la anatomía y la fisiología de la Criatura. Lo que nos resulta difícil de comprender es que exista como un solo ser, tan vivo y real como tú o como yo. Para poder apreciar la realidad de este individuo gigantesco, cuyo cuerpo increíblemente complejo está constituido por ti, por mí y por el resto de la humanidad (así como por todas las obras materiales de los hombres) hemos de adoptar el punto de vista del observador celestial.

Cuando así lo hacemos, es fácil darse cuenta de que la Criatura terrestre no se parece en modo alguno a una versión a gran escala de ti, de mí, de un tranvía o de una línea de ferrocarril. Es algo único. Tiene sus propias enfermedades, que son muy distintas de las que aquejan a los humanos o, para el caso, a los tranvías y las líneas ferroviarias. Y, por supuesto, requieren un tipo de tratamiento completamente distinto. Tiene su propia forma de crecer, una forma de creer que no es como la nuestra ni como la del tranvía. Cuenta con su propia clase de alimentos, como el carbón, el mineral de hierro, la arcilla, los bosques de madera, el algodón o el aceite mineral, además del tipo de alimentos que nosotros ingerimos.

Sus órganos digestivos, aunque incluyen los nuestros, siguen un patrón totalmente diferente. No tiene corazón, ni cerebro, ni sangre, ni manos, tal como las conocemos.

Con nuestro trabajo diario contribuimos a mantener la vida de la Criatura terrestre. No se nos pide tanto que le suministremos energía física (pues hoy en día la mayor parte se deriva del carbón y el petróleo, sus alimentos principales), sino que nos aseguremos de que su energía no se desperdicia y se emplea para labores de mantenimiento y crecimiento. La inteligencia humana es la destreza o la habilidad mediante la cual la Criatura terrestre regula sus procesos vitales, se recupera de las enfermedades y produce nuevos órganos.

Veamos un ejemplo. Cuando la Criatura terrestre se dispone a producir una nueva ciudad, necesita alimentos que, por así decirlo, le ayuden a crear músculo: árboles, carbón, mineral de hierro, áridos, ladrillos, arcilla, piedra caliza. En consecuencia, devora enormes cantidades de estos alimentos, para lo cual emplea sierras, palas y taladros neumáticos a modo de dientes. Después estos alimentos crudos pasan a órganos digestivos como talleres, molinos y hornos, los cuales los transforman en puertas, ventanas, vigas y varillas de acero, ladrillos y mortero. Por último, se construye el cuerpo a partir de esos materiales digeridos y, por ende, la ciudad crece.

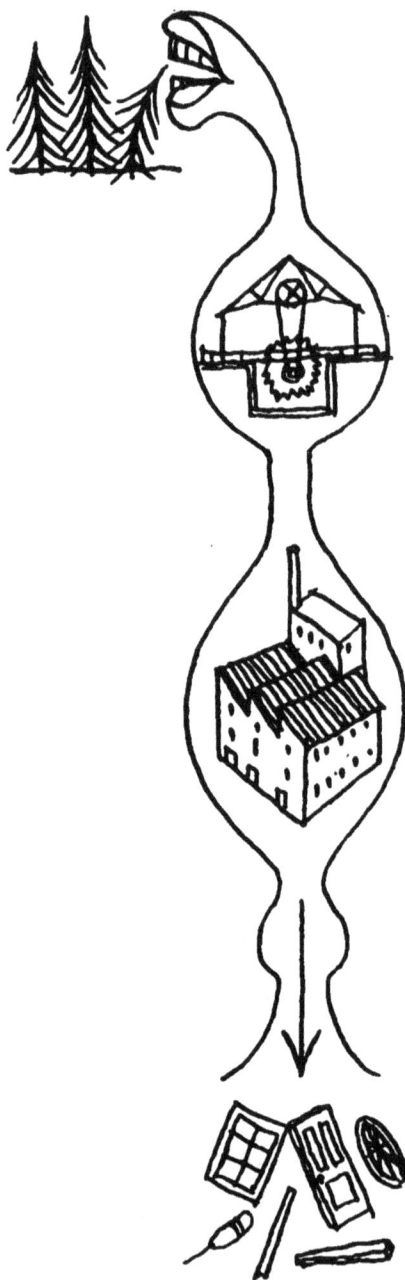

Ahora bien, todas y cada una de las etapas de este proceso digestivo y de construcción corporal han sido guiadas por seres humanos. Leñadores, mineros, carpinteros, herreros, arquitectos, fontaneros y multitud de otros expertos han tenido que dirigir el funcionamiento interno del cuerpo de la Criatura terrestre moldeando, eligiendo, planeando, calculando, probando, organizando, etc. En otras palabras, haciendo uso de su inteligencia práctica.

Esta inteligencia práctica es nuestro punto fuerte. Sabemos cómo inventar y manejar todo tipo de máquinas, cómo diseñar sobre el papel y levantar edificios, cómo extraer minerales de la tierra o manipular los materiales de mil maneras distintas. El sentido común se siente como en casa en esta clase de mundo. Este es el ámbito al que pertenece y en el que produce resultados, pero en cuanto deja de consagrarse a la construcción y el mantenimiento del cuerpo de la Criatura terrestre y se detiene a tratar de comprender el significado o la importancia de lo que está haciendo, surgen las dificultades.

Somos igual de eficientes a la hora de ayudar a la Criatura terrestre a vivir y crecer cuando no somos conscientes de su existencia que cuando no lo somos. Nuestra iluminación no supone ninguna mejora en su estado corporal, y tal vez esa sea la razón por la que la iluminación es tan escasa y tan poco frecuente. Al igual que las células de nuestro organismo, somos sumamente aptos y estamos extraordinariamente bien equipados para operar en nuestro propio nivel particular, pero somos ineficaces en la misma medida cuando se trata de percibir o apreciar lo que está sucediendo en otros niveles. Tu vida no significa nada para cada una de las células que viven en tu interior, pero eso no impide que la vida de dichas células sea parte integral de la tuya. Del mismo modo, la vida de la Criatura terrestre significa poco o nada para ti, pero tú eres parte integral de ella.

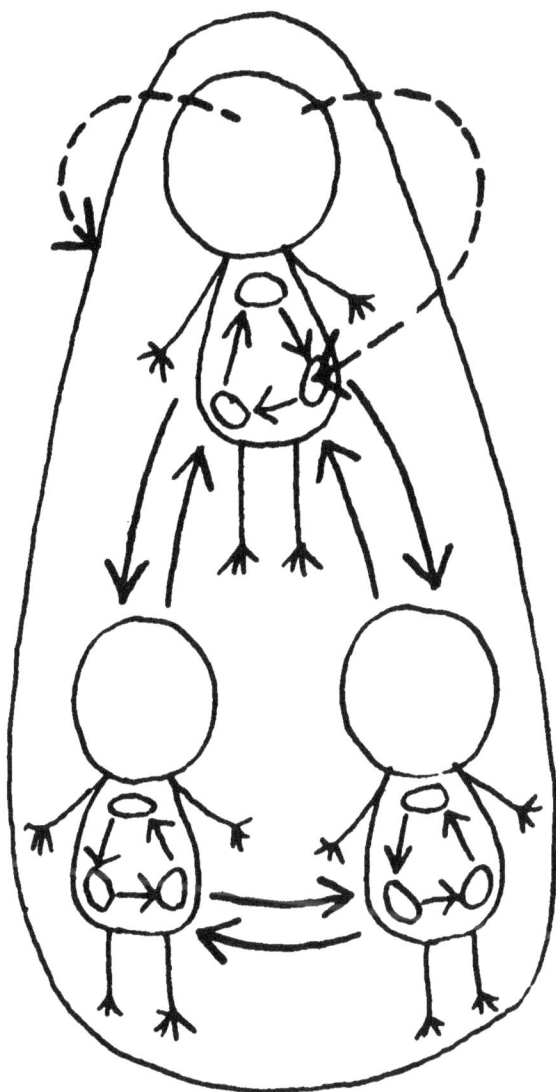

En este gráfico las flechas pequeñas representan las células ocupándose de sus tareas diarias para que podamos seguir funcionando. Las flechas grandes indican que, gracias a nuestra inteligencia práctica, nosotros estamos haciendo lo mismo con respecto a la Criatura terrestre. Y las flechas punteadas indican la capacidad que tenemos las personas para escapar de la prisión de nuestro trabajo diario y tomar conciencia de la Criatura terrestre de la que formamos parte, así como de las células que forman parte de nosotros.

¿Tiene mente la Criatura terrestre? Y, si es así, ¿su mente se parece en algo a la nuestra? Ahora ya sabemos que tiene un cuerpo y que dicho cuerpo está vivo: si nos alejamos lo suficiente podemos ver cómo crece y lleva a cabo la mayoría de las cosas que hacen otras criaturas vivas. Pero no podemos ver su mente por la simple razón de que las mentes son invisibles.

Hay dos modos de obtener información sobre una mente en concreto. La primera es ser esa mente, y la segunda consiste en observar un objeto y comprobar si se comporta como si tuviera una mente. Está claro que tu mente no es lo mismo que la mente de la Criatura terrestre —si es que tiene una—, de donde se deduce que para conocerla tendremos que observar cómo se comporta en su conjunto. Y digo *en su conjunto* porque la mente de la Criatura terrestre —una vez más, si es que tiene alguna— no tiene por qué ser necesariamente como la mente de una de sus partes (no más, desde luego, de lo que nuestras mentes han de parecerse a la mente de nuestras células, en la medida en la que pueda decirse que posean algo así).

Así pues, la cuestión se reduce a lo siguiente: ¿Se comporta la Criatura terrestre en su conjunto como si tuviese una mente? Para estar seguros de la respuesta, retomemos la posición de nuestro observador celestial y veamos cómo se comporta la Criatura terrestre cuando se enfrenta a un problema. La someteremos a un test de inteligencia imaginario basado en la clase de pruebas que solemos hacer con los monos. Por ejemplo, podemos comprobar la inteligencia de un chimpancé poniendo un palo en su jaula y colocando un plátano al otro lado de los barrotes, justo a una distancia a la que no pueda cogerlo con la mano. Si finalmente coge el palo y lo usa para hacerse con el plátano, habrá demostrado inteligencia. Si, por el contrario, ignora el palo y sigue tratando en vano de agarrar el plátano con la mano, habrá fallado a la hora de demostrar ser inteligente.

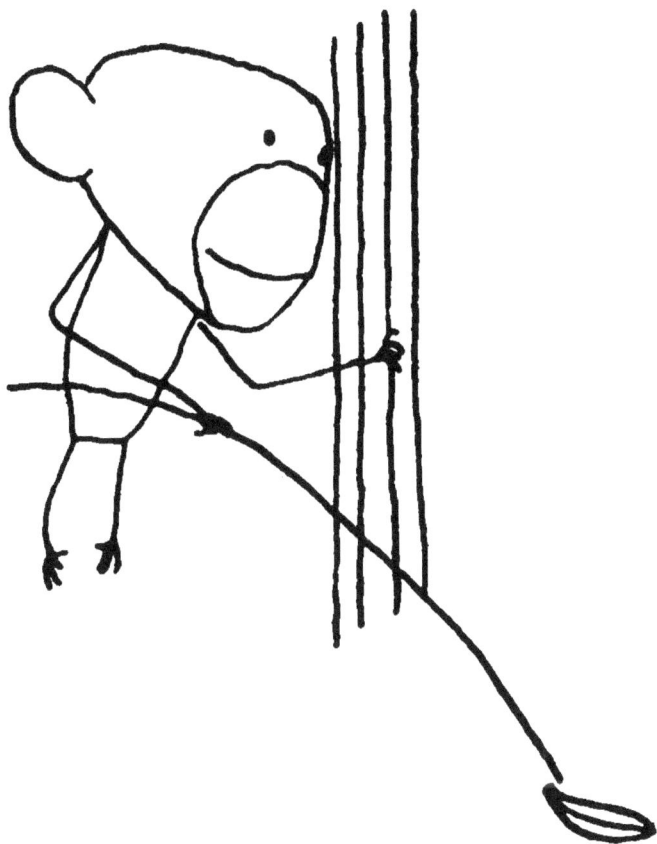

Para nuestra prueba colocaremos algunos alimentos, en forma de un rico depósito de carbón, fuera del alcance de la Criatura terrestre (por ejemplo, en la otra orilla de un río que sea demasiado profundo y demasiado ancho como para enviar filamentos que lo crucen) y observaremos qué ocurre.

Carbón

Lo primero que notamos es un vigor inusual en los tallos de las cercanías del río. Su savia se vuelve mucho más abundante, su hifas se engrosan y forman nuevos conjuntos de apretadas ramificaciones. Es como si la Criatura terrestre hubiese visto lo que quiere y estuviese haciendo acopio de fuerzas para conseguirlo. Por el contrario, una criatura estúpida, necia o de inteligencia limitada se dedicaría a perder su tiempo y su energía tratando de lanzar sobre el río un tallo tras otro con la esperanza de alcanzar la otra orilla y tener acceso al depósito de carbón. Y fallaría en su intento, pues cada vez que una de estas derivaciones consiguiese avanzar un poco sería arrastrada por la corriente. Un simio inteligente le da la espalda al plátano que no puede alcanzar y va a buscar un palo que le permita hacerlo, y una Criatura terrestre inteligente obraría de un modo muy similar. Sin dar un solo paso en falso, se dedicaría a avanzar por la orilla del río, dejando su objetivo muy atrás, hasta encontrar una zona en la que el río se estrechase y se pudiera cruzar con seguridad. Entonces, una vez sorteado el obstáculo, regresaría por la otra orilla hasta alcanzar su objetivo. Eso es precisamente lo que hace nuestra Criatura terrestre. En lugar de lanzarse apresuradamente hacia su objetivo, va tomando una serie de medidas para alcanzar su objetivo de la manera más eficaz posible y con el mínimo esfuerzo. Dicho de otro modo, adopta un método indirecto, hace uso de su inteligencia práctica.

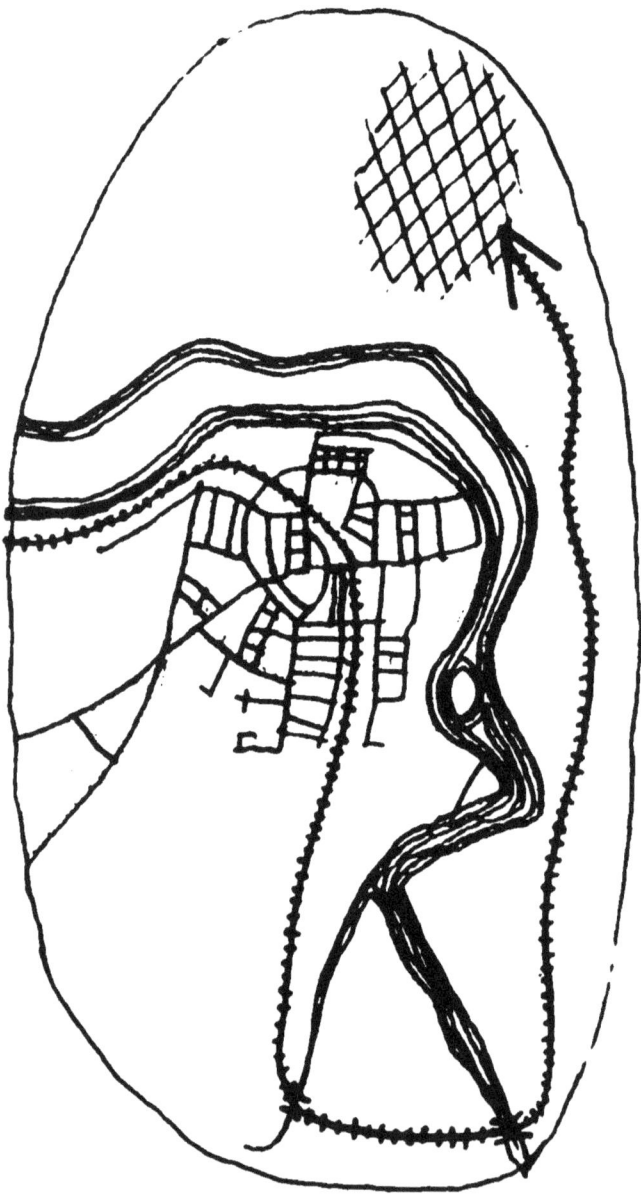

Desde nuestro punto de vista, arriba en el cielo, podemos ver una gran cantidad de casos similares en los que la Criatura terrestre hace gala de un comportamiento claramente inteligente. También podemos advertir muchas evidencias de su estupidez. Aquí tenemos algunos ejemplos:

Uno de los alimentos básicos de la Criatura terrestre es la hierba, la cual ingiere por medio de su ganado. Pero, si se explotan en exceso, los pastizales no tardan en volverse infértiles, y una criatura inteligente, tras haberlo aprendido a base de amargas experiencias, restringiría su apetito. Por muy hambrienta que se sintiera siempre tendría en cuenta la visión a largo plazo y comería menos hoy para así tener algo que comer mañana. Sin embargo, en varias partes del mundo la Criatura terrestre ha adoptado un enfoque absolutamente cortoplacista, por lo que ahora está sufriendo las consecuencias. En estas cuestiones parece ser bastante menos inteligente que los seres humanos, quienes por lo general tienen el buen sentido de abstenerse de matar a la gallina de los huevos de oro, e incluso a la gallina que pone huevos comunes y corrientes, pues prefieren tener huevos para el desayuno regularmente que darse un único festín de pollo asado.

Por todas partes la Criatura terrestre se dedica a dilapidar imprudentemente sus depósitos de madera y carbón, a empobrecer la tierra y exterminar especies que le son útiles. En conjunto, su inteligencia parece ser muy limitada y errática.

El sentido común discrepa en este punto: «Al contrario. Esta supuesta Criatura terrestre es extremadamente inteligente. Fíjate en las cosas que es capaz de crear, desde tranvías y televisores hasta centrales telefónicas automáticas o el mismísimo Empire State Building. Si existe algo así como una Criatura terrestre, cosa que no creo, entonces es un auténtico genio».

La respuesta a esta objeción es que la inteligencia de un hombre no se puede juzgar por la forma en que le crecen los ojos o el estómago; en estas cuestiones cualquier botarate es tan inteligente como el más eminente profesor de fisiología.

Del mismo modo, tampoco podemos juzgar la inteligencia de la Criatura terrestre por la forma en que desarrolla tranvías o televisores, que no son más que órganos de su cuerpo. La inteligencia se aprecia en la forma en que una criatura, al actuar como un todo, como una unidad, se comporta con respecto al mundo exterior. Por eso usamos plátanos y depósitos de carbón en nuestros experimentos.

Así pues, la Criatura terrestre cuenta con una cierta inteligencia. Hasta cierto punto, aprende de la experiencia y, aunque de forma limitada, es capaz de razonar. Como es obvio, estas capacidades mentales emanan de la inteligencia humana organizada. Por consiguiente, si el nivel de inteligencia de la Criatura terrestre demuestra estar por debajo del nuestro, es debido a la falta de una organización mental adecuada por nuestra parte. Si queremos que la inteligencia práctica de la Criatura mejore, seremos nosotros quienes tendremos que mejorar la nuestra.

«Una vez más, disiento —protesta el sentido común—. Incluso suponiendo que esta Criatura exista, que esté viva, que sea, hasta cierto punto, inteligente, y que nuestras vidas individuales conformen o constituyan la suya, sostengo que aun así seguiría siendo desastroso para nosotros prestarle atención a esa cosa. ¿Qué significa su vida para nosotros? ¿Qué representa o qué importancia tiene para los seres humanos? Lo que resulta bueno y beneficioso para ella bien puede ser perjudicial para nosotros. Lo más aconsejable es ignorarla por completo y concentrarnos en el bienestar humano, pues de lo contrario, nosotros —o más bien nuestros gobernantes— correremos el peligro de actuar según los intereses de la Criatura y no en función de los nuestros. Las personas ya importan bastante poco a nivel individual y de ese modo tan solo conseguiríamos que importasen aún menos».

En otras palabras, el sentido común nos pide que creamos que es más seguro permanecer en la ignorancia.

Sin embargo, no cabe duda de que si existe algún riesgo de que nuestros intereses vayan en contra de los de la Criatura terrestre esa sería una razón más por la que deberíamos reconocer su existencia. Recurrir a la técnica del avestruz no nos servirá de mucho, porque, tanto si lo aprobamos como si no, formamos parte intrínseca de la Criatura terrestre tanto como los riñones forman parte de nosotros.

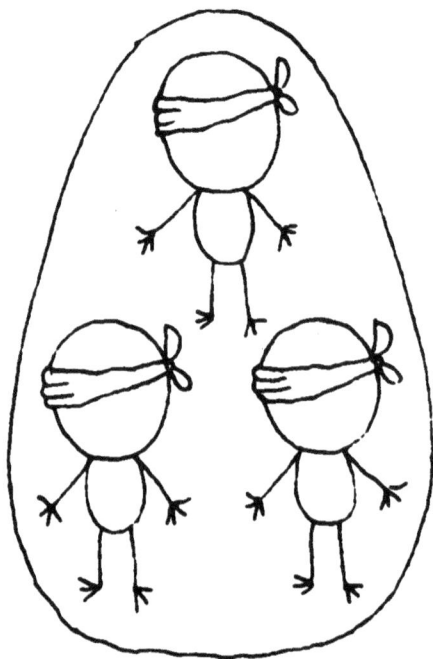

Como es lógico, hemos de velar por el bien de los hombres, y no por el de la Criatura terrestre como tal (pues ni siquiera está muy claro que estemos debidamente cualificados para determinar qué es lo que le conviene exactamente). De todos modos, hay algo de lo que sí podemos estar seguros: una de las tareas más acuciantes que los hombres tienen por delante en

este momento es la erradicación de las tres principales enfermedades internas de la Criatura terrestre: la guerra, la pobreza
extrema en medio de la riqueza y el nacionalismo agresivo. Al
menos en esto nuestros intereses son claramente sus «intereses».

En un cierto sentido, la prosperidad y el bienestar de los seres humanos va en contra de los «intereses» de la Criatura
terrestre. Si consideramos que entre estos «intereses» se incluye
el desarrollo de la Criatura para convertirse en un «individuo»
cada vez más unido y cohesionado, con una organización más
compleja y elaborada, un organismo en el que los hombres
pasen a ser especialistas cuya visión y perspectiva sean cada vez

más estrechas, entonces nuestro deber es oponernos a dichos «intereses». La cuestión que no hemos de perder de vista es que, si bien podemos considerar como un deber el hecho de ser conscientes de la existencia de la Criatura terrestre, no se puede decir lo mismo de su supuesto o verdadero bienestar (de lo que le conviene o es mejor para ella).

Sin embargo, muy bien pudiera resultar que toda aparente divergencia de «intereses» no sea más que una ilusión. Y es que cuando todo haya sido dicho, a pesar de la abundancia de información que recibimos internamente, la Criatura de cuyo cuerpo formamos parte seguirá siendo un completo misterio. Sabemos mucho sobre cómo funciona este organismo, pues nuestro cometido es, precisamente, contribuir a que funcione. En cambio, jamás seremos capaces de captar en su totalidad lo que la Criatura representa como individuo y, más en concreto, como mente.

Ahora está claro que la visión que adoptamos sobre lo que eres en el último capítulo, aunque correcta en su ámbito de actuación, es sesgada y desproporcionada. Lo que hicimos fue considerar tu cuerpo como nada menos que la Criatura terrestre misma. Ciertamente, podríamos considerar que la Criatura terrestre existe para nuestro propio beneficio privado, pero una célula excepcionalmente inteligente y egocéntrica de tu cuerpo también podría, basándose en la misma justificación, decirse a sí misma: «Tengo que comer, de lo contrario moriré, y Pepito García existe para suministrarme alimento. Cuenta con un cerebro para poder ganar dinero con el que comprar dicho alimento, con un estómago para digerirlo y vasos sanguíneos para traerlo hasta mi puerta. De hecho, su cerebro cuando piensa, su boca cuando come, su estómago cuando digiere, me pertenecen a mí, son órganos de mi propia vida, extensiones de mi cuerpo. Si me amputasen cualquiera de ellos no tardaría en morir. Yo soy Pepito García, y al ser Pepito García soy también sus extensiones. ¡En última instancia, soy todo lo que existe!».

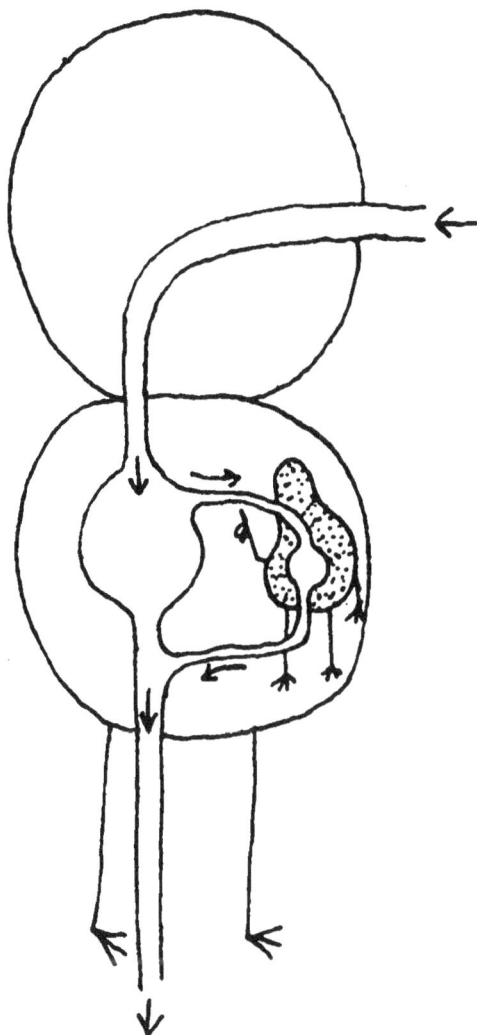

Al pronunciarse de este modo, esta célula ególatra (podríamos decir que «celulacéntrica») estaría diciendo la verdad y
nada más que la verdad, pero no toda la verdad. Debería compensar esta visión desproporcionadamente centrada en sí misma viéndose tal y como tú la ves; es decir, como una partícula

minúscula inmersa en una totalidad que es muchísimo más grande que ella, una unidad cuyo significado completo siempre se le escapará.

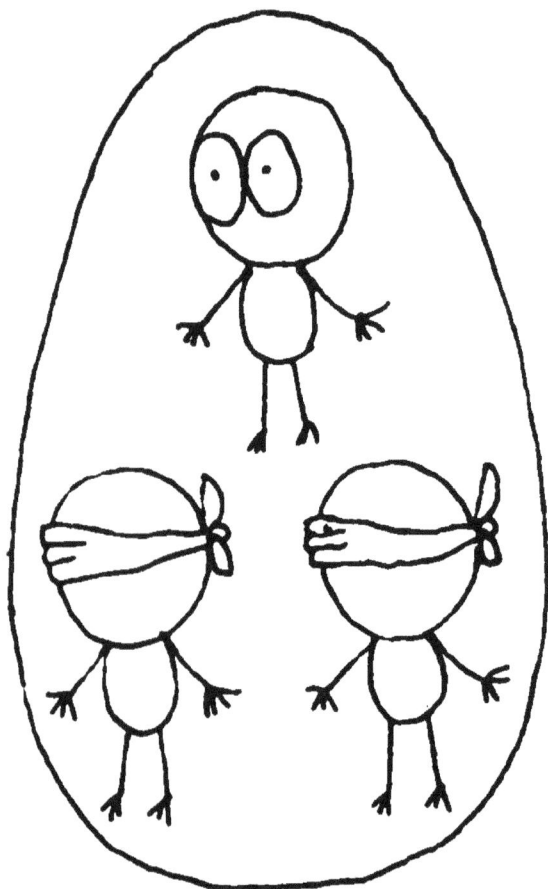

Lo mismo ocurre contigo, solo que con una gran diferencia: tú cuentas con la capacidad de ser consciente de la criatura de la que formas parte.

La célula siempre estará subordinada a su Pepito García particular, pero las inmensas capacidades de la conciencia de Pepito García le permiten, en un sentido muy real, elevarse por encima del ser en cuyo organismo habita. Es ahí, en esa conciencia, donde yace nuestro triunfo humano, en la conciencia de nuestra pequeñez en la misma medida que de nuestra inmensidad, en la conciencia de nuestra absoluta dependencia de todas las cosas que nos conforman y de las que formamos parte. Nadie está tan cautivo como quien no es consciente de sus cadenas, pero ser conscientes de nuestra esclavitud es el primer paso hacia la libertad.

5

La semilla de coche

«AL MENOS HAS DE ADMITIR —prosigue el sentido común— que, sin perjuicio de que también sea una ciudad andante y una Criatura terrestre, soy un individuo. A eso sí que no pienso renunciar. Soy un ser humano individual, una persona que hace gala de todas las cualidades que distinguen a los hombres de los animales y los sitúan en una clase propia y bien diferenciada. Y no es petulancia, sino una realidad, un hecho puramente objetivo».

Una vez más, el sentido común toma una media verdad y la convierte en la verdad absoluta. En su pensamiento cotidiano, en sus suposiciones tácitas, ignora los hallazgos más elementales de la ciencia. Lo que le falta no es saber cuáles son estos descubrimientos, sino darse cuenta de lo que significan. Donde más patente resulta esta carencia es en lo concerniente a nuestra propia vida, al fenómeno de nuestro crecimiento, así como al lugar que ocupamos en el mundo animal.

Pongamos por caso que tienes treinta años. En ese caso, hace aproximadamente treinta años y nueve meses existió un diminuto animalillo, tan minúsculo que no se podía ver a simple vista. Si lo hubiésemos visto a través de un microscopio, sería como una especie de renacuajo estirado que no paraba de agitar una cola larga y delgada.

Tanto en su complejidad fisiológica como en su mentalidad —si es que se puede decir que una criatura así tenga algún tipo de mentalidad— este organismo era claramente inferior a la mayoría de los animales microscópicos que podemos ver nadando en las aguas estancadas.

Ese «renacuajo» eras tú. Resultó que te encontraste con otra forma de vida igualmente inferior: un animal globular y sin cola varios cientos de veces más grande que tú.

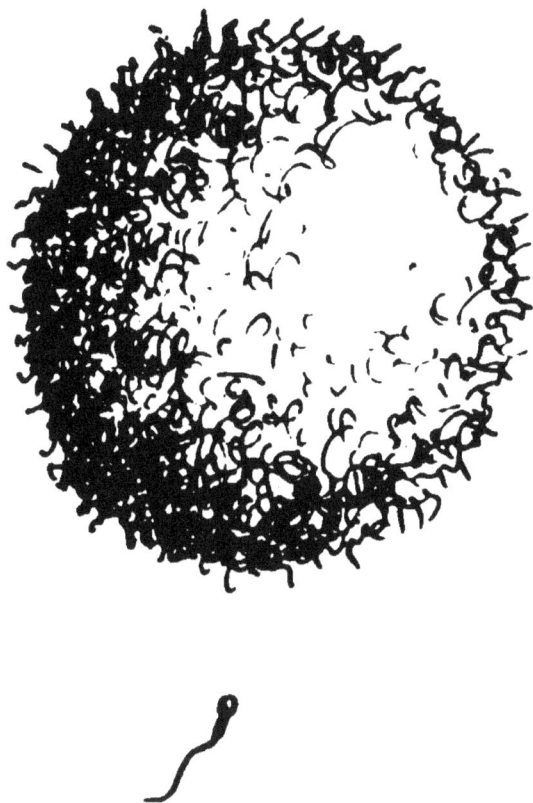

Esa criatura era tu otra mitad, así que estas dos mitades de tu ser se unieron. El «renacuajo» empezó a empujar con la cabeza en la criatura sin cola, de modo que los dos animales se fusionaron y pasaron a ser uno. Tu vida como individuo había comenzado.

Si un piojo o una pulga de agua se hubiese topado contigo en esta etapa de tu evolución, habría tenido todo el derecho del mundo de considerarte como un animal sumamente inferior, tanto que no merecería la pena prestarte la más mínima atención.

Pero tú podías permitirte el lujo de esperar, pues, a diferencia de las pulgas de agua, guardabas en tu interior potencialidades asombrosas. Creciste ¡y de qué manera! Te convertiste en algo parecido a una diminuta medusa, luego en una especie de pariente lejano de una lombriz de tierra, más tarde en un animal parecido a un pez con un par de branquias rudimentarias. En una etapa posterior pasaste a tener bastante en común con los reptiles. Si alguna vez ha existido un ser que escalase a una velocidad prodigiosa en la escala social, ese eras tú. Finalmente, te transformaste en un ser humano y saliste al mundo.

Conocemos bastante bien la historia del espermatozoide y el óvulo (que son los nombres que reciben el «renacuajo» y la «criatura globular»), y también cómo se produce el desarrollo del embrión en el útero. Pero ¿hasta qué punto somos conscientes de ello? ¿Sueles darte cuenta de que la mosca del cristal de la ventana es inmensamente superior a lo que tú mismo fuiste una vez en tu propia vida?

De nada sirve alegar que, independientemente de lo que ocurriese antes de que llegases al mundo, tú empezaste tu existencia como ser humano en el momento del nacimiento. No es cierto. Tu existencia no comenzó en el parto. Comenzaste tu carrera como individuo nueve meses antes de convertirte en humano, y antes de eso viviste en los cuerpos de tus padres y de todos tus antepasados. La mayoría de tus muchos años los has pasado no como un único cuerpo, sino como muchos cuerpos distintos, no como un ser humano, sino como un enjambre de animalillos microscópicos que ocupan un lugar mucho más inferior en la escala evolutiva que los piojos. Un registro realmente completo de ti en el álbum fotográfico de tu familia se parecería mucho a las ilustraciones que aparecen en los libros de enfermedades microbianas. Solamente en las últimas etapas de dicho registro alcanzarías el estado relativamente alto de ser como una medusa, un gusano o un pez.

A pesar de esto, el sentido común prefiere quedarse únicamente con los últimos momentos de tu vida e ignorar el resto.

Te has pasado la mayor parte de tu existencia formando parte de las formas de vida más bajas. En cambio, ahora perteneces a la más elevada. No cabe duda de que esta transformación, que tardó solo nueve meses en completarse, fue un auténtico milagro, un milagro al que denominamos *crecimiento*.

Le damos un nombre y no pensamos más en ello. El hecho de que algo nos sea familiar hace que nos volvamos mortalmente inconscientes de ello. La razón principal por la que no nos llenamos de asombro y fascinación cuando pensamos en el crecimiento es que está por todas partes. El crecimiento de hombres, animales y plantas es tan común como la tierra misma, y siempre caemos en el error de creer que algo tan común no puede ser maravilloso. Solo nos interesa lo raro, lo infrecuente, lo excepcional. Por así decirlo, tenemos «mentalidad de titular». Cuando sucede algo inusual, como, por ejemplo, el nacimiento de quintillizos, nos embarga la emoción y el entusiasmo.

   Claro que los quintillizos son sorprendentes, pero si son más sorprendentes que tú mismo lo son por una fracción tan minúscula que la diferencia en el valor de asombro real resulta insignificante. Las Cataratas del Niágara o el Empire State Building son típicos y banales en comparación con una mosca doméstica. Y si las Siete Maravillas del Mundo son consideradas como tales es solo porque son inusualmente grandes o de aspecto peligroso —un par de ingredientes inimaginablemente absurdos a la hora de determinar si algo es verdaderamente asombroso y maravilloso—.

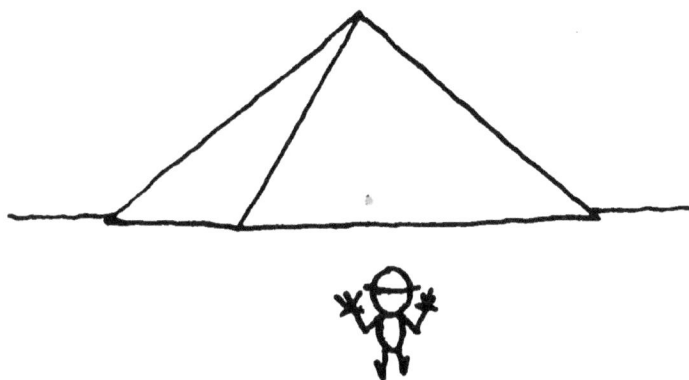

Nos vemos a nosotros mismos del mismo modo que un arqueólogo falto de imaginación pudiera ver los edificios: cuando entra en una catedral gótica le pasan totalmente desapercibidas su belleza, su atmósfera, la esencia que convierte ese espacio en una catedral. En cambio, se limita a apasionarse con alguna talla menor o con alguna inscripción trivial. Solo lo peculiar le causa alguna impresión. Su propio conocimiento le ciega. Y lo mismo ocurre con no pocos jardineros, que son capaces de recitar el nombre en latín de todas las flores que aparecen en el catálogo de semillas pero han perdido toda fascinación ante el milagro del crecimiento y la vida de estas plantas.

Supongamos que vivieses en un planeta habitado solo por individuos que siempre han sido adultos y jamás han visto crecer nada. Y supongamos también que un buen día te topas con una semilla y observas cómo le va saliendo la raíz, el tallo y hojas verdes, hasta que finalmente —¡maravilla de maravillas!— ves cómo se convierte en una flor. ¿Qué harías en ese caso? Creo que tu primer impulso sería hincarte de rodillas ante ella y adorarla. Te parecería una encarnación divina, un ser sublime y completamente milagroso.

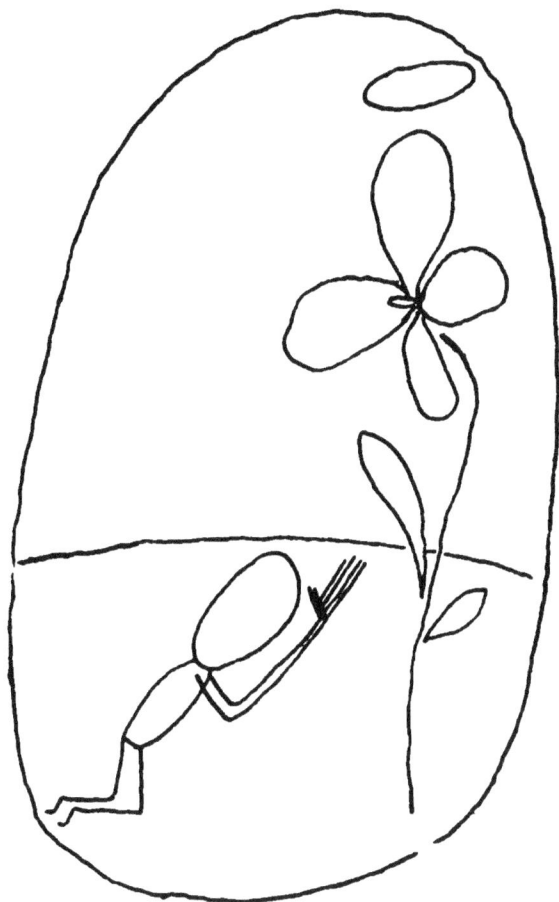

Pasarías el resto de tu vida preguntándote cómo es posible
que una pequeña bolita blanca rodeada por una delgada cubierta marrón, al colocarla en tierra húmeda, tenga la capacidad de
crecer y crecer hacia arriba y desplegarse en todos esos colores
tan vivos y luminosos, en todos esos patrones tan sumamente
intrincados. No sabrías muy bien si sentir lástima o desdeñar
con todas tus fuerzas a quienes se limitan a despachar a la flor
después de haberle asignado un nombre en latín y haber hecho
un minucioso recuento de sus pétalos. Y si alguien afirmase

poder explicar este nuevo fenómeno, le pedirías irónicamente que, si no es molestia, explicase también cómo apareció el universo. Todo eso sucedería si solo hubiera una flor, ¿pero acaso mil millones de flores son menos sorprendentes que una sola?

Nuestra inconsciencia no solo depende del hecho de que algo nos resulte familiar, sino también del tiempo. Para la forma en que nosotros medimos el tiempo, el crecimiento es lento. No percibimos directamente cómo crecen las flores ni cómo crecemos nosotros mismos. Nos limitamos a establecer comparaciones entre lo que vemos hoy y lo que recordamos haber visto hace días, por lo que no apreciamos nada ahí que nos impresione especialmente.

Pero aunque a nosotros nos parezca que el tiempo fluye a un cierto ritmo, muy bien pudiera ser que para otras mentes el tiempo fluya mucho más deprisa o mucho más despacio. Imagina por un instante que eres una criatura para la cual el tiempo vuela (en lugar de, por así decirlo, ir a paso normal o arrastrarse). Tienes la semilla de una flor en la mano. Tras depositarla en una maceta con tierra seca, le echas un poco de agua y observas lo que ocurre.

No tienes que esperar demasiado. Sin previo aviso, la tierra se abre y, como si de una caja de sorpresas se tratase, un tallo emerge y se eleva hacia ti. Por una fracción de segundo vislumbras delicadas formas que refulgen en tonos verdes, amarillos y escarlatas, un leve aroma perfumado se cruza brevemente en tu camino y, después, todo se desvanece. Una vez más tienes ante ti la tierra marrón tal como era al principio, sin apenas rastro de lo que de un modo tan fugaz ha brotado de ella.

Eso es lo que sucedería si acelerásemos el tiempo, pero hemos de preguntarnos si algo que tarda cinco millones de segundos en desarrollarse es en algún sentido mucho menos maravilloso que lo mismo cuando tiene lugar en un solo segundo.

Tú y yo somos más asombrosos que las plantas con flores, pero, al igual que ellas, hemos crecido lentamente y en compañía de millones de otros seres de nuestra misma clase, por lo que damos por sentada nuestra existencia, nos parece algo trivial e insignificante. Dado que los periódicos no se interesan por nosotros en tanto que seres vivos, sino únicamente como monstruos, asesinos, políticos o estrellas de cine, al final acabamos aceptando la valoración que de nosotros hace el editor jefe de la sección de noticias. Y como los científicos han escrito volúmenes y más volúmenes llenos de todo tipo de detalles sobre la forma en que tú y yo crecimos (y debido también a que sus libros son —ineludiblemente— tratados basados en los hechos observables que rehúsan a mostrar el más mínimo entusiasmo ante lo extraordinarios que somos), tampoco nosotros vemos motivo para entusiasmarnos por nuestra propia existencia.

La misión del científico es minimizar su ignorancia, no estimar el alcance de la misma. Sin embargo, tiene (o debería tener) un sentido muy vivo y real de lo desconocido, pues cuanto más descubre sobre la vida más incognoscible e impenetrable parece ser esta.

Por poner un ejemplo, echemos un breve vistazo a lo que dicen los libros de texto sobre el modo en que creciste. Según nos

La semilla de coche

explican, te desarrollaste de una forma muy similar a como crece una ciudad, es decir, aumentando tu población. A la edad de -9 meses eras una célula diminuta. Esta célula pronto empezó a reducirse por la cintura y a abultarse en sus dos extremos. Su cintura se fue estrechando más y más hasta que se redujo a nada y, en lugar de una, aparecieron dos células. Después cada una de estas dos células hijas se dividió del mismo modo, dando un total de cuatro células, las cuales se dividieron nuevamente y formaron ocho. Y así sucesivamente hasta alcanzar una cifra de miles de millones de células.

En tus primeras etapas, cuando tan solo eras unas pocas células, todas respondían al mismo patrón, pero a medida que se fueron multiplicando empezaron a adoptar configuraciones físicas que diferían unas de otras y a desempeñar funciones distintas. Eres una especie de ciudad fundada por un granjero que tenía una gran familia; algunos de sus muchísimos hijos siguieron siendo granjeros, mientras que otros se dedicaron a la construcción y reparación de la granja, a la herrería o la contabilidad. A medida que la comunidad fue creciendo sus necesidades también aumentaron proporcionalmente. Ahora hacía falta contar con inspectores de drenaje, operarios de mantenimiento, funcionarios civiles y cualquier otra clase de especialista, así que los nietos y los bisnietos del fundador se pusieron manos a la obra para cubrir estas necesidades.

Pero hay muchas diferencias importantes entre el modo en
que crece una ciudad formada por seres humanos y el modo en
que tú —una ciudad de células— te desarrollaste.

En concreto, mientras que los habitantes de la primera asu-
men conscientemente sus diversos oficios y profesiones y pla-
nean y construyen su ciudad de una forma más o menos delibe-
rada, los habitantes de la segunda te construyen de un modo
inconsciente. Cuando los miembros de tu familia celular co-
menzaron a especializarse —unos yendo, por ejemplo, a la
oficina de correos y telégrafos, otros siendo destinados a ejercer
como policías, etc.—, no podían evitarlo, no tenían más opción
que dedicarse a esas funciones. Sin embargo, siguieron especia-
lizándose y multiplicándose hasta tal punto que acabaron por
convertirse en tus riñones, tu cerebro, tu sistema nervioso y tus
ojos; hasta convertirse en una máquina que no solo se reabaste-
ce a sí misma de combustible, se repara y se administra, sino
que además ve, recuerda lo que ha visto y es capaz de pensar y
reflexionar sobre ello.

Cuando se formaron, las distintas partes de tu organismo
eran demasiado necias como para saber lo que estaban haciendo. Como las flores, crecieron sumidas en la ceguera y la ignorancia. No obstante, ¿qué clase de ignorancia es aquella capaz
de crear dispositivos tan increíbles como tus ojos sin contar
siquiera con un plano de construcción; aquella capaz de origi-
nar un cerebro consciente de sí mismo y del mundo sin haber
sido instruida en una buena media docena de «-ologías»? ¿Qué
tipo de ignorancia es esta que sabe cómo generar, prácticamente a partir de nada, una máquina cuyas complejidades son
inagotables?

Ya ves lo que ocurre cuando intentamos «explicar» el crecimiento: lo único que conseguimos es multiplicar la necesidad de encontrar explicaciones adicionales. La ciencia no sabe cómo o por qué una célula conoce el arte de dividirse en dos. No sabe cómo ni por qué esas dos células son lo suficientemente inteligentes como para seguir multiplicándose más y más, para dar lugar a células nerviosas y neuronas. No sabe cómo ni por qué los nervios y el cerebro pueden ser tan absolutamente geniales a la hora de desempeñar las funciones que les son propias.

Un coche moderno es un dispositivo extraordinario, pero para alcanzar tu mismo grado de excepcionalidad tendría que seguir este patrón de desarrollo:

Quieres hacerte con un coche, pero no te diriges al conce-
sionario sino a una tienda de semillas. Allí adquieres una semilla diminuta no mucho más grande que una mota de polvo.
Acondicionas un poco de tierra, la colocas ahí y esperas.

La semilla crece. Al principio parece no ser más que una bolita metálica en expansión, pero a medida que va creciendo
comienza a parecerse a un carromato, luego a una calesa, después a uno de los primeros coches del siglo XX, y todas estas

transformaciones tienen lugar de manera gradual, de modo que una etapa se fusiona en perfecta transición con la siguiente. Día a día las líneas del automóvil se van volviendo cada vez más modernas, hasta que por fin tienes ante ti el último modelo, pulido, debidamente engrasado, con el depósito lleno y en perfecto estado de funcionamiento.

Entonces te subes para dar una vuelta y descubres que el coche no solo es capaz de conducir y cambiar de marcha por sí solo exactamente en el momento adecuado, sino que además sabe repararse los pinchazos, recargar sus propias baterías, refinar su propia gasolina a partir de crudo e incluso leer por sí mismo los mapas. Sin la menor dificultad, puede debatir contigo cuál es la mejor ruta a seguir o el estado del tiempo; puede construir su propio garaje, reproducirse y tener su propia familia; puede reflexionar contigo sobre la existencia de los coches, sobre el absoluto misterio que supone que crezcan a partir de unas pequeñas semillas de metal y el lugar que ocupan en el esquema de las cosas.

Ante todo esto, estarías asombrado, e incluso aunque fueses un experto mecánico de motores no se te pasaría por la cabeza que sabes cómo tu coche ha llegado a ser un coche ni, para el caso, lo que es en realidad.

Todo lo que hemos descrito para esta máquina imaginaria es lo que tú y yo hacemos en el mundo real. Nosotros somos capaces de hacer todo eso. Entonces, ¿cómo podemos afirmar que sabemos algo —más allá de algunos detalles casi irrelevantes y completamente superficiales— sobre nosotros mismos? ¿Cómo podemos, en todos los aspectos y circunstancias, seguir asumiendo sin más nuestra existencia, continuar dándola por hecho?

6

El cuerpo tres veces nacido

SIGAMOS SUPONIENDO QUE TIENES treinta años. Creo que el sentido común estará de acuerdo en que a este tiempo tenemos que añadir los nueve meses que pasaste en el útero de tu madre, antes de que llegase la fecha de tu nacimiento real.

«Sí, estoy de acuerdo —confirma el sentido común—. Tengo treinta años y nueve meses detrás de mí y, con suerte, otros treinta o cuarenta por delante. Esa es la duración de mi vida. Dejando a un lado lo que la religión tenga que decir sobre el futuro de mi alma (sospecho que el deseo de inmortalidad es el padre de la doctrina), unos setenta años, más o menos, es el periodo que media entre mi principio y mi final. La vida es así, y todo lo dicho en el último capítulo sobre que he llevado algún tipo de existencia previa en el cuerpo de mis progenitores carece de toda validez».

Pero en cuanto te detienes a pensar en cómo comenzó tu vida hace treinta años y nueve meses, queda perfectamente claro que en absoluto se inició en ese momento. Simplemente apareciste con una nueva forma.

Repasemos una vez más los detalles. Al comienzo de la fase en la que te encuentras actualmente eras una pequeña célula fertilizada que comenzó a engrosarse por los extremos y a estrecharse por la cintura y pronto se convirtió en dos células. Después, ese par de células repitieron el proceso y se convirtieron en cuatro. El proceso de multiplicación continuó hasta que te convertiste en millones y millones de células.

Así pues, todas las células de tu cuerpo son un fragmento de tu célula original.

Pero, por su parte, esta célula original era el producto de la unión de otras dos células: el «renacuajo» proveniente de tu padre y la «criatura globular» proveniente de tu madre. Y a su vez estas dos células no eran sino fragmentos de las células originales de tu padre y tu madre.

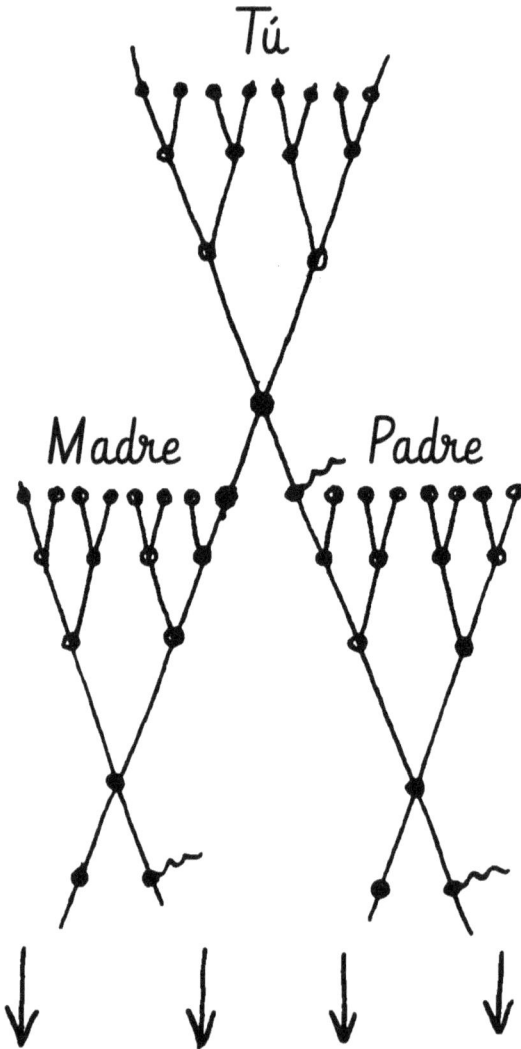

Y las células originales de tu padre y tu madre eran fragmentos de las células originales de tus cuatro abuelos, las cuales eran fragmentos de las células originales de tus ocho bisabuelos, y así sucesivamente.

Hace quinientos años tus antepasados probablemente se contaban por cientos de miles (incluso después de haber permitido el matrimonio entre primos), y podría decirse que en el presente tu cuerpo en realidad es una protuberancia de todos esos cuerpos anteriores, la parte que sobrevivió cuando el resto murió y que ahora sobrevive en ti.

Por supuesto, el material que constituye tu cuerpo actual no es el mismo que te transmitieron tus antepasados ni, para el caso, tampoco es el mismo material del cuerpo con el que naciste, pues una corriente constante de alimentos atraviesa todas y cada una de tus células y las va reemplazando gradualmente.

Sin embargo, este reemplazo no impide que estés convencido de que el cuerpo que tienes en este momento es el mismo que tenías hace veinte años. Si asumimos que esa convicción es razonable, entonces resulta igualmente razonable decir que tu cuerpo ya estaba vivo y presente hace quinientos años en los cuerpos de cientos de miles de hombres, mujeres y niños —príncipes y mendigos, cortesanos y campesinos, compatriotas y forasteros—. La Historia cobra un interés añadido cuando nos damos cuenta de que, en un sentido muy real, es nuestra historia.

El siguiente diagrama ayudará a clarificar el modo en que tu cuerpo se extiende hacia el pasado a través de los cuerpos de tus antepasados:

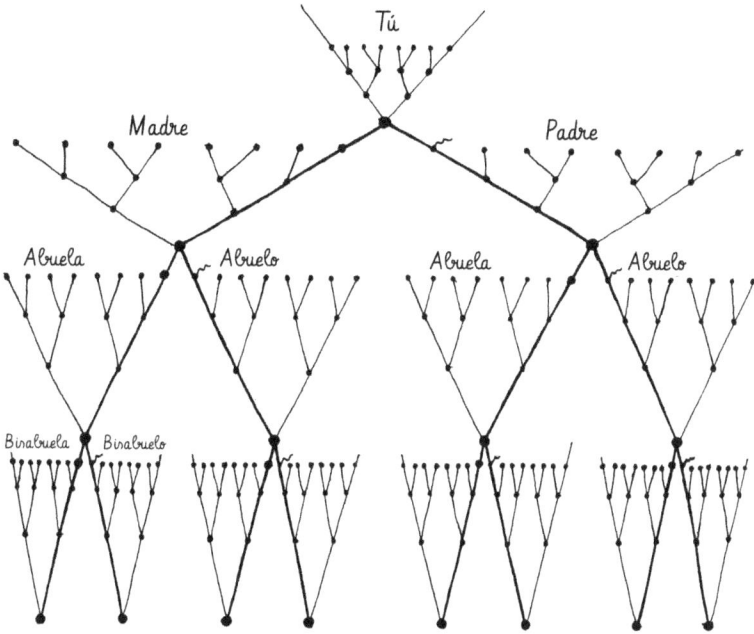

Las líneas gruesas indican la línea de vida (por así llamarla) que conecta tu cuerpo compacto actual con tu cuerpo disperso del pasado. Las líneas finas representan aquellas porciones de los cuerpos de tus antepasados que se separaron de ti y o bien murieron, o bien sobrevivieron en otros niños que no son antepasados tuyos. Por supuesto, hemos de tener en cuenta que, si bien aquí solo tengo espacio suficiente para mostrar quince o más células por cuerpo, en realidad existen miles de millones en cada uno de ellos, y también que aunque este árbol genealógico (un árbol genealógico invertido) termina en tus bisabuelos, en realidad se remonta a cientos, miles o millones de generaciones...

¿Hasta llegar a qué? Bueno, tus antepasados de hace varios cientos de miles de años eran hombres peludos de frente estrecha, los de estos eran animales muy parecidos a los monos que vivían en los árboles, los de estos eran reptiles, los de estos peces, los de estos un tipo muy primitivo de animal que vivía en el agua, y el antepasado de esta criatura era un puñado de pequeñas células individuales.

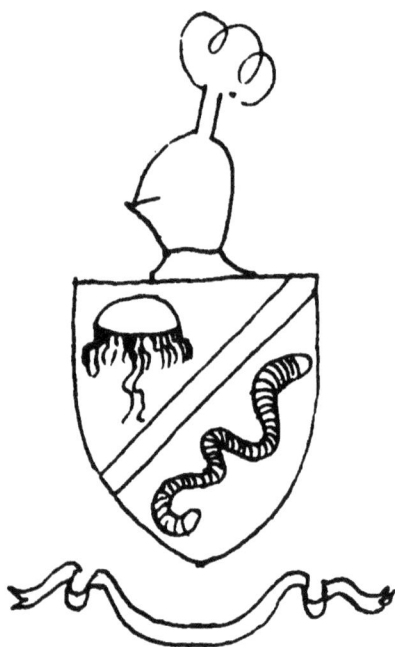

Tú has vivido dentro de los cuerpos de todos estos antepasados tuyos, así como dentro de los cuerpos de todas las formas de vida intermedias que no he mencionado.

Detente un instante a reflexionar sobre todas las experiencias que has tenido en tu vida —en los millones de años que llevas viviendo—. Piensa en las miríadas de cuerpos que has habitado, en lo mucho que has viajado. Considera la cantidad de tierra, de aire y de agua que ha tenido que pasar por tu cuerpo disperso antes de llegar a esto y que, por un tiempo, ha formado parte de tu vida. ¡Eso sí que es buen material para escribir una autobiografía!

Pero hubo un tiempo en el que no había vida en la tierra. De algún modo, hace unos dos o tres mil millones de años, la vida surgió a partir de la materia inerte.

Solo podemos hacer conjeturas sobre cómo fueron los primeros seres vivos. Probablemente eran muy pequeños y simples, al menos en comparación con las criaturas más pequeñas y simples que conocemos hoy en día. Sin embargo, eran capaces de alimentarse, crecer y engendrar otras criaturas como ellas dividiéndose cuando alcanzaban un tamaño demasiado grande.

Esas criaturas eran tus parientes más lejanos. Tú naciste cuando estos seres surgieron a partir de la materia inerte, pues tu cuerpo ya estaba contenido en el de ellos. Tú estás formado por partes de sus cuerpos que se han ido dividiendo y propagando durante millones de generaciones.

Si quisiéramos representar todos los cuerpos y todas las clases de animales en las que has estado distribuido nos haría falta una hoja de papel casi infinitamente grande. Pero a partir de un cierto momento empezaste a contraerte, hasta quedar restringido tan solo a dieciséis tatarabuelos, luego a ocho bisabuelos, a cuatro abuelos, a tu padre y tu madre, hasta que finalmente, en tu segundo cumpleaños, quedaste concentrado en una única célula. A partir de ese momento de crisis en tu vida empezaste a dividirte y expandirte de nuevo hasta que, en tu tercer cumpleaños (tu cumpleaños humano), ya contabas con millones y millones de cuerpos diminutos que, como novedad, estaban fuertemente unidos unos a otros en lugar de estar dispersos por todo el mundo.

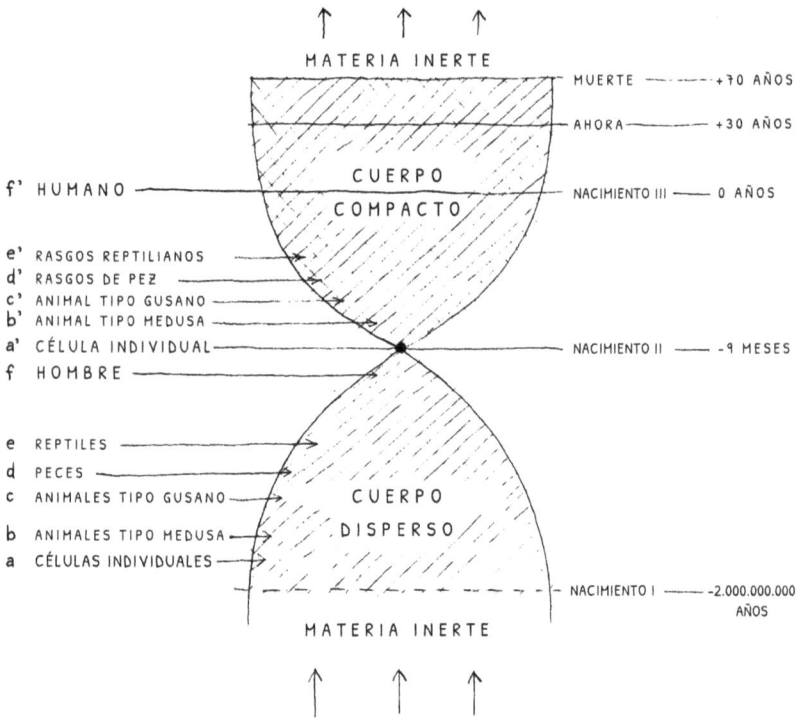

En el capítulo 5 vimos cómo estableciste tu residencia en el vientre de tu madre bajo la forma de una sola célula y cómo creciste en ese espacio restringido hasta convertirte, respectivamente, en algo parecido a una medusa, un gusano, un pez, un reptil y, finalmente, en un ser humano. En el diagrama anterior está representada esta fase de tu periplo vital, una fase que pasaste en un solo cuerpo y en un solo lugar, pero también muestra la fase anterior, en la cual te encontrabas disperso en muchos cuerpos y lugares.

Fíjate en que la última fase de tu ciclo de vida repite o recapitula la anterior: desde tu segundo nacimiento hasta el tercero (tu nacimiento humano) tu vida es una especie de versión a cámara rápida de todo lo que ha ocurrido desde tu primer nacimiento hasta el segundo. Es como si cuando estabas creciendo en el útero recordases todas las vidas que viviste anteriormente en los cuerpos dispersos de incontables criaturas y hubieses moldeado el desarrollo de tu cuerpo compacto para que siguiese el mismo patrón que tus cuerpos dispersos. Tu vida como cuerpo individual comenzó como una única célula porque hace mucho tiempo fuiste poco más que un enjambre de células individuales. Te convertiste en una «medusa» en el útero porque en un cierto momento viviste en animales muy similares a las medusas actuales. Cuando adoptaste la forma de un «gusano» en el útero estabas reflejando la constitución de tus gusanos en el mundo exterior. Aún siendo un embrión, desarrollaste branquias vestigiales en recuerdo de las branquias reales de los peces en los que antaño habitaste.

PLIEGUES BRANQUIALES

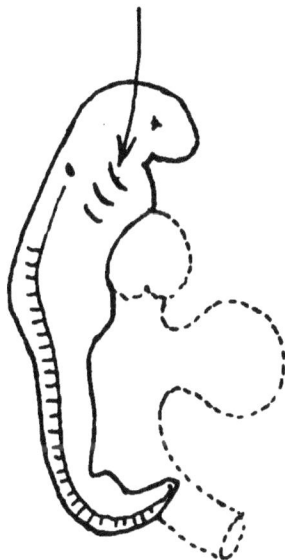

Poco a poco y por partes fuiste evolucionando desde una simple célula hasta los seres humanos, y luego has repetido ese mismo proceso en tu cuerpo compacto. La primera evolución te llevó unos dos mil millones de años, mientras que la segunda la despachaste en tan solo nueve meses. Tu biografía no solo incluye ese fantástico despliegue conocido como *evolución*, sino dicha evolución repetida una vez más.

¿Qué ocurrió en ese primer nacimiento tuyo que tuvo lugar hace un par de miles de millones de años? ¿De pronto algunos fragmentos de materia inerte (o, quizá, un solo fragmento de la misma) pasaron a estar infundidos de vida?

No parece demasiado probable que así fuese. Lo más factible es que la vida no haya tenido un inicio concreto y definido, sino que fuese surgiendo a partir de la materia inerte de forma paulatina, en diversas etapas tan graduales que no tiene sentido que hablemos de la aparición de las primeras criaturas vivas. Si ocurrió de este modo y pequeños fragmentos de materia inerte fueron volviéndose progresivamente más complejos y pare-

ciéndose cada vez más y más a cuerpos vivos, hasta que llegase
un momento en el que estuviesen realmente vivos, entonces tus
antepasados más lejanos estaban, como mínimo, medio muertos. Y tú, ya contenido en sus cuerpos, tan solo estabas medio
vivo.

Pero tu pasado no termina en esa especie de tierra de nadie
entre la vida y la muerte. Estos primeros antepasados tuyos
evolucionaron a partir de materiales más sencillos que, ciertamente, no estaban vivos, y a través de ellos te extendiste produciendo vida más allá de las moléculas y los átomos ordinarios.
En un cierto sentido, ya residías en las rocas y en el agua de la
tierra mucho antes de que surgiese la vida. Ya estabas presente
cuando este planeta no era más que una nube de gas caliente
arrancada al sol por la fuerza de atracción de una estrella que
paso por sus inmediaciones. También estabas ahí cuando el
planeta Tierra formaba parte del sol, y en última instancia
siempre has coexistido con toda la materia que compone el
universo.

Todo eso en lo que respecta a tu pasado, pero ¿qué hay de tu futuro? Si tienes hijos, una parte de tu cuerpo vivirá en ellos. De ese modo puedes seguir viviendo y expandiéndote en los próximos miles o millones de años.

¿Y si no tienes hijos? ¿Qué ocurre entonces? ¿Te desvaneces por completo? No. Continuarás existiendo por los siglos de los siglos mientras el universo siga en funcionamiento, solo que cada vez estarás más disperso y, por consiguiente, más diluido, hasta que te vuelvas tan distinto de lo que ahora entiendes como «tú mismo» que solo Dios será capaz de reconocerte.

Todo lo que haces cambia el futuro del mundo. Esa ocurrencia que tanto les gusta contar a los profesores de física sobre que la Tierra da un brinco para encontrarse con el alfiler que dejamos caer al suelo no es más que la pura verdad. Cada vez que dejas caer un alfiler, cada vez que caminas, respiras o haces algo con tu cuerpo, alteras el mundo en mil lugares y de mil maneras distintas de las que nunca serás consciente. No es necesario que te conviertas en un Sir Christopher Wren o un Ferdinand de Lesseps para modificar la faz de la tierra. De hecho, afectar el modo en que se desarrolla la historia del universo es algo que, sencillamente, no puedes evitar. Por así decirlo, el universo jamás podrá reponerse de tu influencia.

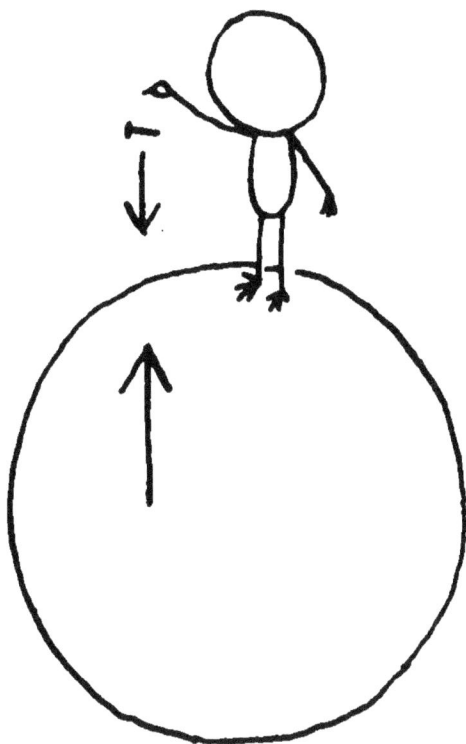

En este sentido, todos los seres humanos son inmortales a nivel físico; sus actos más insignificantes continúan influyendo en los acontecimientos mucho después de que sus cuerpos de carne y hueso hayan perecido.

Luego está esa otra clase de inmortalidad que asociamos con los nombres de artistas y pensadores famosos. En cierto sentido sus mentes siguen trabajando, enriquecen la tuya y la mía e influyen en nuestro comportamiento. Si bien de un modo más comedido, cada uno de nosotros hacemos nuestra contribución a la suma total del pensamiento y el sentir humano, y dicha contribución seguirá produciendo efectos mientras siga existiendo la humanidad.

Por último, cabe señalar la posibilidad de que el flujo del tiempo no sea en última instancia más que una ilusión, el medio que nuestra limitada mente emplea para ser capaz de concebir un mundo que, en realidad, sería completamente atemporal. Este mundo podría ser como una película de cine: cuando sacamos el carrete de la caja y lo colocamos en el proyector experimentamos el inicio, el desarrollo y el clímax de la historia, pero lo cierto es que la película en sí ni empezó cuando dio comienzo la proyección ni terminó con ella; el rollo entero, con todos y cada uno de los incidentes de la historia, siempre estuvo ahí presente en la bobina. Lo mismo podría ocurrir también con la historia de tu vida: parece consistir en un inicio, un desarrollo y un clímax, pero en realidad podría ser atemporal o, por así decirlo, coexistir con la totalidad del universo.

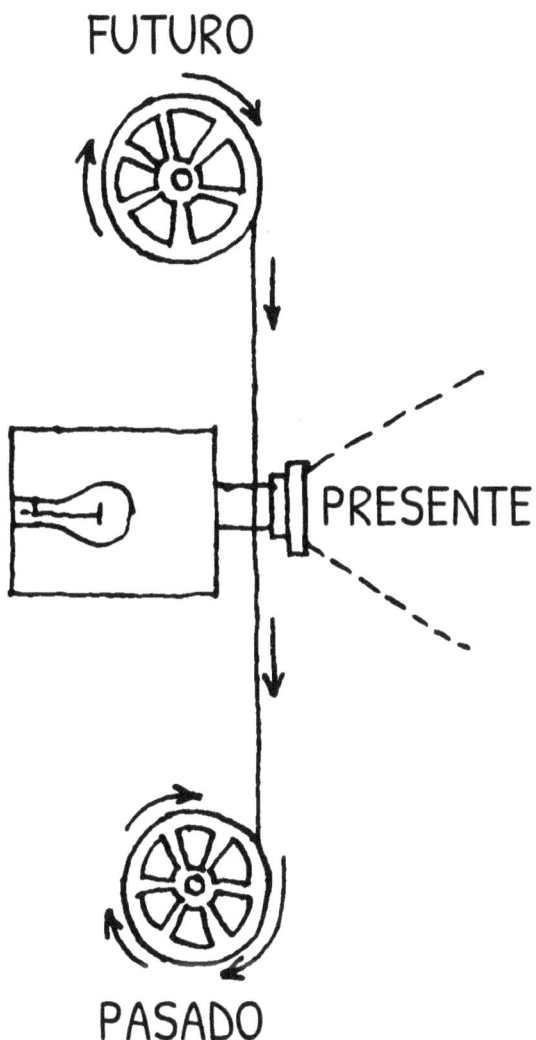

Llegados a este punto no es descabellado pensar que el sentido común pudiese alegar algo como: «Esta así llamada *inmortalidad* es demasiado inconsistente, abstracta y nebulosa como para que quienes nos basamos en las evidencias objetivas reparemos en ella. No cabe duda de que dentro de cien años aún seguirán quedando vestigios de la manera en que dispuse mi jardín, en el cementerio habrá una lápida más de las que habría si nunca hubiese vivido, e incluso es posible que alguno de mis tataranietos (que probablemente jamás hayan oído hablar de mí) se llame como yo.

En resumen, está claro que el material del mundo quedará organizado de un modo ligeramente distinto debido a mi existencia, pero yo —mi cuerpo— no estaré presente en modo alguno ni bajo ninguna forma. Ni, para el caso, tampoco mi mente.

Lo mismo puede decirse respecto a lo que llamas *mi pasado*. ¿De qué me sirve tener un cuerpo disperso repartido entre bancos de peces y huestes de monos, o consagrado en minúsculas reliquias en la mitad de la población del país? Puedes llamar *inmortalidad* a esa cosa difusa si así lo deseas, pero para mí es algo demasiado vago como para significar algo, y ciertamente tampoco es un gran consuelo para los moribundos.

Finalmente, ¿qué valor tiene esa dudosa inmortalidad en un universo que posiblemente sea atemporal cuando mi mente es cualquier cosa menos atemporal?».

Hay mucho de cierto en el punto de vista del sentido común. (Dicho sea de paso, siempre tiene algo de razón en lo que dice, pero nunca profundiza lo suficiente). Esta inmortalidad corporal que hemos estado considerando es ciertamente algo nebulosa y sombría, pero si lo que quieres es encontrar hechos precisos, realidades bien definidas, ¿dónde puedes hallarlas? ¿En el cuerpo que tienes actualmente? ¿Tal vez en esta ciudadela ambulante, con su miríada de pequeños ciudadanos inconscientes, con sus extensiones que abarcan el mundo y su tarjeta de membresía que le acredita como parte de la Gran Criatura? ¿O en ese pequeño experto del transformismo que, dentro del útero materno, interpretó tan extraordinariamente bien toda esa sucesión de papeles? ¿O en los setenta kilos de carne y hueso de tu cuerpo actual, que no está hecho del material con el que naciste, que carece de límites definidos, cuyo crecimiento, cuyo funcionamiento y cuya mismísima vida están mucho más allá de nuestro entendimiento?

No. Jamás encontrarás certezas ahí. Y sí, tanto los millones de años que forman tu pasado como los millones de años que se extienden ante tu futuro son vagos, imprecisos y nebulosos, pero también tu presente es igualmente incierto.

7

El cuerpo disperso

E N EL CAPÍTULO 3 HEMOS VISTO cómo, al desarrollar un cuerpo externo colosal capaz de sufrir amputaciones indoloras en sus partes, te despliegas por el espacio hasta cubrir la totalidad de la superficie terrestre. También concluimos que esa imagen tuya es una apariencia que, si bien es totalmente real, tan solo constituye una de tus muchas apariencias. La cámara estaba cerca de ti y, como es lógico, dominabas la escena. Así pues, con el fin de corregir cualquier falsa impresión adoptamos un punto de vista alejado de ti, y al hacerlo apareciste como una especie de célula diminuta que formaba parte de la Criatura terrestre.

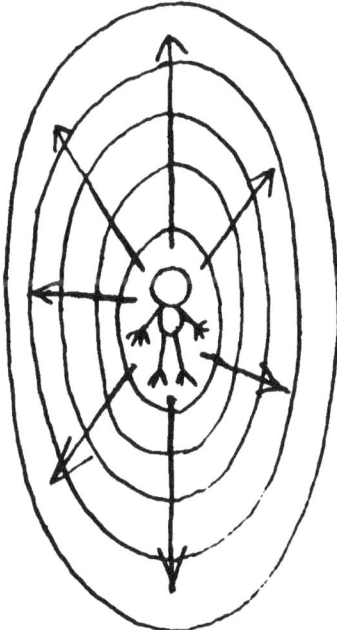

En el capítulo anterior, en lugar de considerar el espacio, hemos visto como también te expandes en el tiempo, hasta que hemos comprobado que tu verdadera edad se cuenta en millones de años. Esta imagen sigue siendo una apariencia, pero, por así decirlo, también es un «primer plano», una «toma de cerca», de modo que ahora debemos adoptar nuevamente una visión más distante y examinar cómo tu pasado se funde con la miríada de seres vivos que han existido en el pasado.

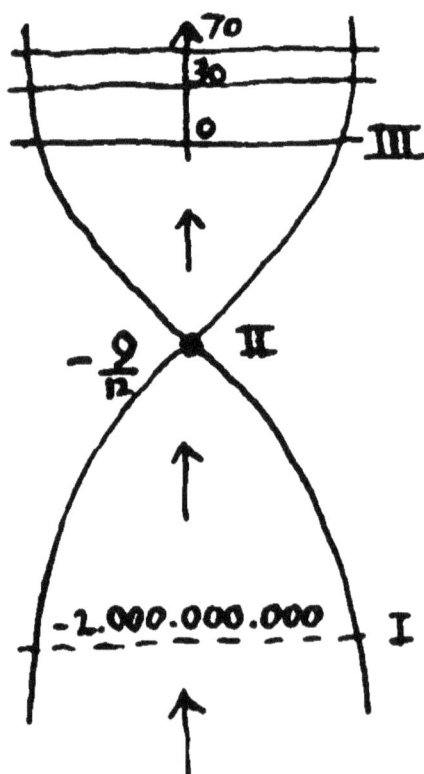

Tu cuerpo mayor —tu cuerpo extendido— del presente no es solo tuyo, del mismo modo que tampoco tu cuerpo extendido del pasado era solo tuyo: lo compartes con un número incalculable de criaturas.

En consecuencia, debemos redibujar tu árbol genealógico de este modo:

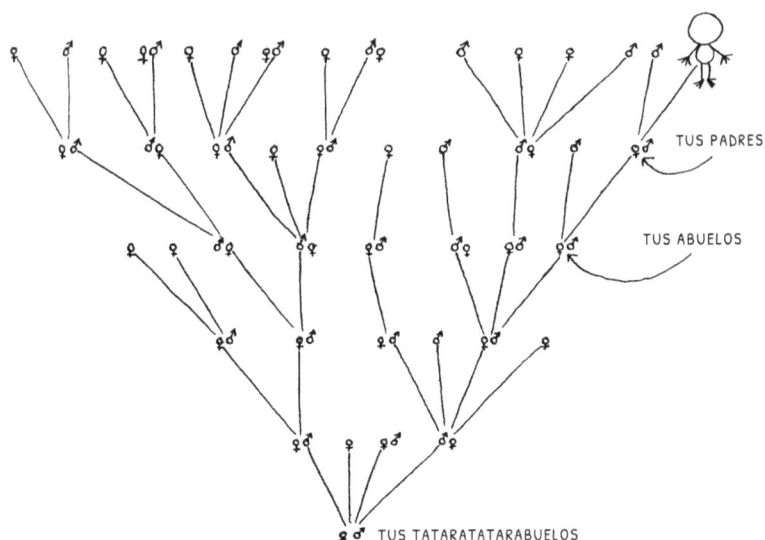

TUS PADRES

TUS ABUELOS

♀ ♂ TUS TATARATATARABUELOS

Imagina este diagrama multiplicado millones de veces, de modo que se extienda hasta incluir a tus antepasados remotos, a sus ancestros subhumanos, a los simios, los reptiles etc., hasta llegar a tus parientes más lejanos.

Fíjate en que en el capítulo anterior eras tú quien coronaba el pasado. Dicho de otro modo, tu cuerpo actual era el tronco común hacia el cual convergían todas las ramas y todos los tallos. En cambio, en este capítulo es como si no fueses más que una pequeña partícula, una hojita irrelevante y sin ninguna consecuencia reseñable en el árbol de la vida.

Eres un microscópico fragmento de la Vida con mayúsculas. Y con ese término no me refiero a una abstracción o alguna especie de entidad mística, sino a la Gran Criatura, a la Criatura única de cuyo Cuerpo formas parte.

Claro está que el sentido común tendrá algo que objetar a este respecto: «Evidentemente, la vida, con o sin mayúscula, no es un solo cuerpo, sino millones y millones de cuerpos independientes que no guardan conexión entre ellos».

Es cierto que el cuerpo de la Vida es muy distinto del tuyo o el mío. En concreto, no ha crecido como una única pieza compacta, sino que se ha desarrollado como una infinidad inimaginable de piezas separadas —de las cuales, tú eres una—. Pero en muchos aspectos importantes este Cuerpo disperso al que perteneces se comporta del mismo modo que los cuerpos compactos. Para empezar, al igual que tú, creció a partir de células individuales. Y a medida que se iba desarrollando sus partes se fueron volviendo cada vez más diferentes entre sí (en otras palabras, aparecieron en escena más y más clases distintas de animales y plantas), de un modo muy parecido a como tus células se convirtieron en diminutos especialistas que pasaron a cumplir su función como células musculares, neuronas, y todo lo demás. Este Gran Cuerpo fue haciéndose progresivamente más complejo y elaborado, igual que tú te volviste más y más complejo y elaborado a medida que crecías en el útero. La forma en que creció el Gran Cuerpo se suele representar como se muestra en la página siguiente, pero no hace falta decir que este diagrama, además de ser extremadamente inexacto, no puede más que darnos una idea muy somera de la verdadera complejidad del proceso.

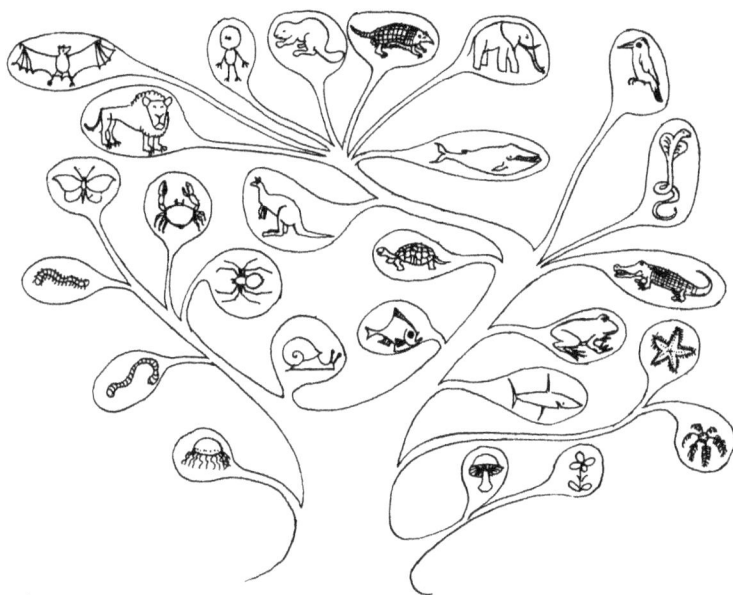

«Dices —interviene el sentido común— que los seres vivos somos partes de un Gran Cuerpo que se ha desarrollado a partir de nuestros ancestros celulares comunes, de un modo muy similar a como mis células forman parte de mi cuerpo actual, el cual también ha crecido a partir de ancestros celulares. No puedo estar de acuerdo con eso por la siguiente razón. Por un lado, todas las partes de mi cuerpo dependen unas de otras, están tan sólidamente unidas en, por así decirlo, un «bloque de vida» concreto que ninguna de ellas tiene vida o significado real independientemente de dicho bloque. Por el contrario, los animales, las plantas y los seres humanos que, según tú, forman los órganos de este único Gran Cuerpo, viven sus propias vidas independientemente los unos de los otros. Puede que todos provengamos de unas mismas células que vendrían a ser nuestros antepasados comunes, pero cada uno ha seguido su propio camino y, desde entonces, siempre hemos sido individuos completamente separados.

De nuevo, el sentido común tiene parte de razón. Está claro que este Gran Cuerpo tiene las juntas bastante sueltas. Es evidente que grandes distancias separan sus distintas partes. Y tampoco hay duda de que las criaturas que, por así decirlo, son sus células y constituyen sus órganos disfrutan de muchísima más independencia que las células y los órganos de tu cuerpo. Tanto es así que únicamente recurriendo a un ejercicio de imaginación podemos concebir este Gran Cuerpo como un todo.

Pero a pesar de todo esto, los seres vivos no son independientes unos de otros. También ellos están firmemente unidos en un único «bloque de vida», y aunque el bloque en sí esté bastante suelto y disperso, las fibras que lo amarran son fuertes.

Tomemos uno o dos ejemplos —de los miles que podríamos tomar— de la dependencia mutua que existe entre las distintas partes del Gran Cuerpo.

Todos los seres vivos necesitan para su crecimiento y mantenimiento ciertos componentes químicos que obtienen del suelo. Las plantas pueden alimentarse de estas sustancias directamente y sin ninguna ayuda externa, mientras que los animales no cuentan con esta capacidad. Para nosotros sería inútil desarrollar raíces y hundirlas en la tierra o, para el caso, metérnosla en la boca y masticarla, pues carecemos de los sistemas necesarios para convertir las sales minerales del suelo en materiales de construcción para el organismo.

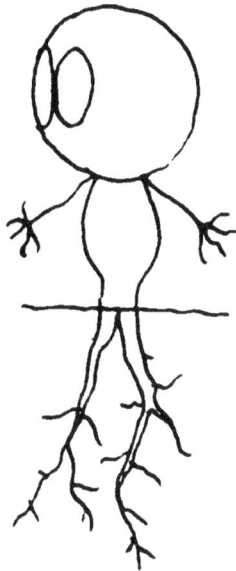

En cambio, el reino vegetal sí dispone de este aparato esencial, el cual emplea generosamente no solo para satisfacer sus propias necesidades, sino también para producir el suministro de alimentos de todo el reino animal. Si estamos vivos es porque tenemos acceso a esta comida preparada (en forma de raíces, tallos, hojas, flores y frutas) elaborada en laboratorios químicos que crecen, operan y se mantienen por sí mismos y cuya fórmula secreta aún no hemos descifrado.

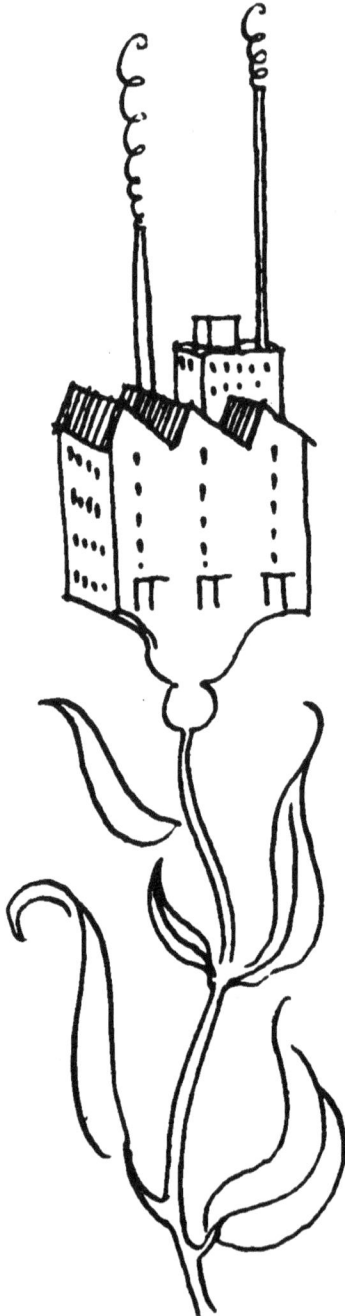

Dicho de otro modo, en la Vida del Gran Cuerpo los animales dependen tanto de las plantas como tu cerebro depende de tu estómago en tu organismo. No obstante, el compromiso no recae solo en una de las partes. En muchos sentidos, también las plantas han llegado a depender de los animales. Las plantas con flores nos ofrecen un extraordinario ejemplo de esta dependencia.

Si no hubiese abejas u otros insectos, tampoco existirían las flores. Las plantas han desarrollado el arte de cultivar esa esplendorosa masa de material publicitario que denominamos *flores*, con sus colores brillantes y sus formas fantásticas, sus aromas y sus saquitos de néctar, con el único propósito de atraer a los insectos.

Para su vida sexual, la planta necesita que la abeja cumpla con su papel, y a cambio le paga por los servicios prestados en forma de néctar y polen, sin los cuales la abeja tampoco podría vivir. La abeja y la planta no pueden prescindir en absoluto la una de la otra —no más de lo que, por ejemplo, tu cabeza puede prescindir de tu tronco—. Consideradas de forma independiente, tanto la vida y la estructura de la abeja como las de la planta carecen de significado. Sus patrones de vida están tan íntimamente trabados que han pasado a ser uno solo.

Y lo que es cierto para las abejas y las flores lo es también, aunque en distintos grados, para toda la naturaleza. Cada especie moldea la vida y la forma de las demás, conformando así un gigantesco patrón de vida. Todas son mutuamente dependientes tanto en comportamiento como en estructura. Visto así, la Vida posee los requisitos propios de la unidad, es un solo Cuerpo.

Sin embargo, en el seno de este Gran Cuerpo no solo encontramos ayuda y colaboración mutua, sino también luchas y enfrentamientos encarnizados. ¿Cómo es posible que la naturaleza, tan cruel, salvaje y despiadada, en constante guerra consigo misma, sea al mismo tiempo un único Cuerpo?

Por extraño que parezca, estas contiendas internas hacen que la naturaleza tienda hacia la unidad. Tomadas en conjunto, las hostilidades han dado lugar a un número cada vez mayor de organismos progresivamente más y más ajustados e imbricados entre sí. Lejos de desintegrar el Gran Cuerpo de la Vida, la ley de la supervivencia de los más aptos (es decir, de los que mejor se ajustan a su entorno) ha servido para regular sus procesos vitales y propiciar su crecimiento. Nuestros propios cuerpos se mantienen gracias a las constantes luchas internas, en las que fuerzas opuestas alcanzan un equilibrio muy preciso, y lo mismo ocurre con el Gran Cuerpo de la Vida.

Así pues, esta es la situación: aunque las distintas partes de este Gran Cuerpo han permanecido separadas, conservando de este modo un cierto grado de independencia —que en verdad es más aparente que real—, los lazos que las unen siguen haciendo que todas estas partes formen una sola unidad, un todo. El Gran Cuerpo, aunque disperso, sigue siendo un único Cuerpo, y tú eres una pequeña porción del mismo.

¿En qué medida eres tú, como individuo, importante para este Gran Cuerpo? Bueno, para responder a esta pregunta hemos de hacer un inciso.

El Gran Cuerpo tiene cientos de millones de años, y sigue creciendo. Formarnos una idea clara de cómo crece un organismo tan sumamente longevo nos resulta muy difícil a menos que nos imaginemos que el tiempo fluye muy deprisa. Hagamos eso entonces, imaginemos que el Gran Cuerpo crece un millón de veces más rápido de lo que en realidad parece hacerlo. ¿Qué veríamos en ese caso?

En lugar de seres individuales como tú, yo, tu perro o un roble, encontraríamos únicamente clases de animales y plantas —por ejemplo, la clase *perro* o la clase *roble*—. Ahora el tiempo fluye demasiado rápido como para que podamos percibir organismos independientes en su fugaz paso por este mundo.

Estas clases forman una gran familia de lo más variada. Algunas son tan extraordinariamente pequeñas que no es posible verlas ni siquiera con potentes microscopios —y también son proporcionalmente ignorantes—. Otras son tan grandes como casas, si bien su grado de inteligencia no es proporcional a su tamaño. Entre las clases diminutas y las enormes encontramos otras que, por lo que parece, nunca crecen, así como aquellas otras que en lugar de crecer se hacen cada vez más pequeñas. Entre todos estos vástagos, algunos van por el mal camino, se vuelven más gordos y perezosos cada día que pasa, viven a costa de los demás y a menudo producen descendientes que son igual o más indolentes que ellos mismos. Pero en la familia también es posible encontrar a jóvenes prometedores que crecen maravillosamente bien, tanto que cuesta reconocerles.

Desarrollan cuerpos fuertes y activos, una visión aguda y cere-
bros de gran tamaño, y cuando se dividen no es raro que sus
hijos sean incluso más brillantes que ellos.

Esta familia es el Gran Cuerpo de la Vida, un inmenso organismo formado por clases (o especies, géneros y familias) de
animales y plantas en lugar de individuos. ¿Pero qué lugar
ocupas tú, como individuo, en este Gran Cuerpo?

Lo cierto es que apenas cuentas. Lo que importa es el hombre como especie (ese niño prodigio de la familia), pero no el
hombre como individuo. Lo que cuenta no es tu crecimiento o
el mío, sino la evolución de la especie humana (desde su infan-
cia como criatura peluda, de ancha nariz y carente de herramientas hasta la extraña adolescencia por la que está pasando
en la actualidad, y de las amarguras y sinsabores de esta juven-
tud hasta —esperemos— una vida adulta civilizada). Lo sustancial es el enriquecimiento de la mente del hombre al que sirven
todas las artes y las ciencias, pero el hecho de que tú o yo podamos disfrutar de una pequeña parte de la riqueza y la abundancia de esa mente no reviste demasiada importancia.

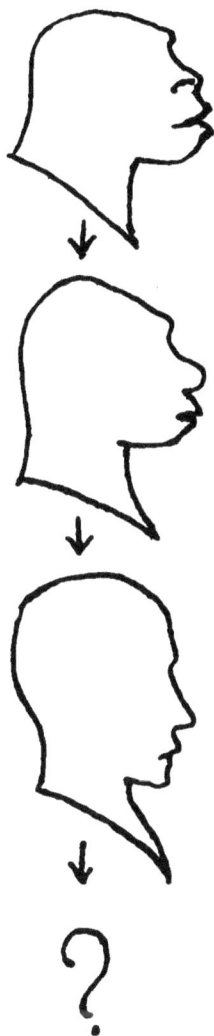

Tú eres una «célula» que hoy está aquí pero mañana ya habrá desaparecido, una célula que forma parte de un órgano en crecimiento llamado *el hombre*, tan diminuta que prácticamente podría decirse que es invisible. Este órgano no es más que un miembro de la Vida, y la Vida tiene un único Cuerpo, es una sola Criatura.

Lo que le ocurra a este minúsculo fragmento de la Criatura que responde al nombre de Pepito García apenas importa. Eres demasiado ineficaz y transitorio como para revestir alguna relevancia. Tanto si vives como si mueres, tanto si entiendes por qué estás viviendo y muriendo como si no, tanto si eres consciente de la Criatura en el seno de la cual vives como si no, la Criatura continuará su existencia de un modo prácticamente igual que si jamás hubieras existido.

Pero tu insignificancia no significa que la Vida te haya dejado en la estacada, que, por así decirlo, te haya abandonado a tu suerte en la gélida calle. Puede que solo seas una parte diminuta de su Cuerpo, pero todo tu ser está incluido en él. Tu vida es tan parte de la suya como la vida de una hoja lo es de la vida de su rama o de su árbol. Puede que no seas consciente del tallo que te conecta a tu Rama, o que el Árbol esté fuera del alcance de tu vista —y, por consiguiente, de tu mente—, pero en todo caso, la hoja, la Rama, el Tronco y la Raíz son miembros de un mismo Cuerpo y comparten una misma Vida.

Esto es una realidad, un hecho objetivo y constatable, y constituye un misterio solo en el sentido en que todo es misterioso bajo la superficie.

8

El cuerpo vacío

¿QUÉ QUEDA DE LA ESTIMACIÓN INICIAL que el sentido común hizo de ti? Todo lo que hemos visto sobre tu pertenencia a cuerpos mucho más vastos, sobre tu falta de límites, sobre el verdadero alcance de tu pasado y los problemas de tu presente, te ha despojado prácticamente de todo rasgo familiar. Pero al menos queda un núcleo, un corazón, un residuo central que constituye tu esencia. Tú, como cuerpo de carne y hueso, has quedado completamente transformado al someterte a un escrutinio y una inspección más detenida, pero eso no significa que te hayas evaporado, que hayas desaparecido por completo. Queda algo sólido y sustancial, algo tangible y evidente que pesa unos setenta kilos.

Y, sin embargo, al mismo tiempo en realidad no eres prácticamente nada más que un espacio vacío. Estás hecho de una enorme cantidad de pequeñas criaturas vivientes llamadas *células*. A su vez, cada una de estas células está formada por una enorme cantidad de pequeñas partículas inertes llamadas *moléculas*. Por su parte, cada molécula está compuesta de *átomos*, y los átomos, según dicen, están constituidos por protones y electrones. Los protones y los electrones son partículas eléctricas, y la electricidad es... Bueno, la electricidad simplemente *es*.

Por regla general, los científicos no intentan descifrar cómo es un átomo, sino que se afanan en describir su comportamiento en términos matemáticos. Para nosotros todos esos garabatos que hacen en el papel no tienen ningún sentido, pero como insistimos en que nos presenten algo que podamos visualizar, los científicos, a regañadientes y con reservas, han elaborado una imagen del átomo que vendría a ser más o menos la siguiente.

El átomo está casi vacío; casi todo en él es pura vacuidad. En el centro de este vacío hay una minúscula partícula de electricidad, y en torno a dicha partícula encontramos entre una y noventa y dos partículas eléctricas de una clase distinta a la central. Estas partículas exteriores orbitan a una velocidad enorme en torno a la central formando círculos y elipses, del mismo modo que los planetas giran alrededor del sol.

Para hacernos una idea de lo vacío que está el átomo, para cubrir la distancia que media entre las capas exteriores y el centro haría falta colocar una tras otra 25.000 de esas partículas externas —siendo el tamaño del corpúsculo central del mismo orden de magnitud que el de las partículas exteriores—. Si agrandásemos un átomo hasta que tuviese la misma altura que el Empire State Building, o hasta que fuese dos veces y media más alto que la cúpula de la catedral de San Pedro de Roma, sus partículas exteriores —que reciben el nombre de *electrones*— serían del tamaño de guisantes, y su corpúsculo central sería tan solo un poco más grande, digamos que del tamaño de una judía.

Guisante

Judía

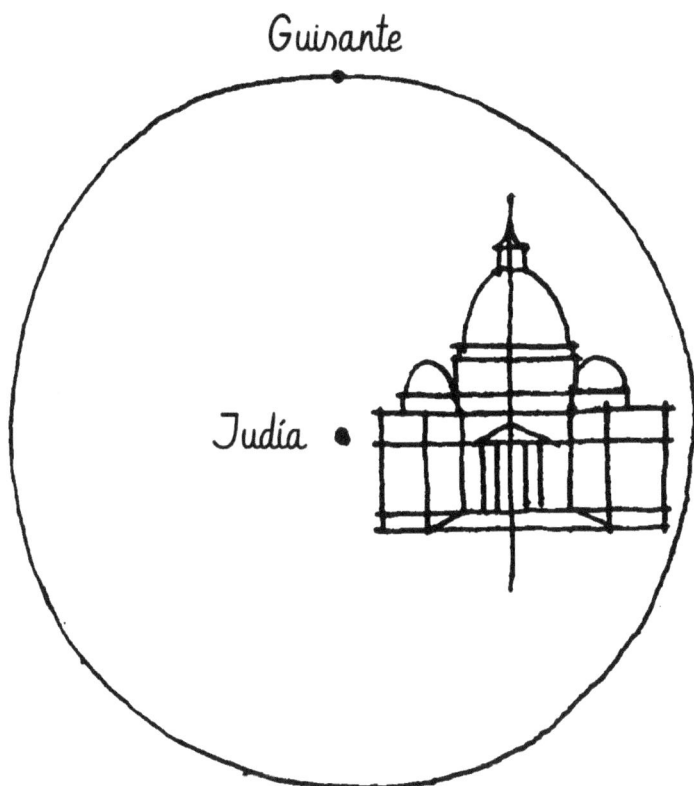

Todo lo demás sería espacio vacío. Si todas las partículas eléctricas de tu cuerpo se concentrasen en una única masa, ese conglomerado sería tan pequeño que no sería visible a simple vista. Incluso así de concentrado no sería sólido, al menos no en el sentido que comúnmente le damos a ese adjetivo.

En realidad eres un inmenso vacío salpicado aquí y allá por algún que otro «sol» alrededor del cual varios «planetas» giran sin cesar. Para un hombre de ciencia que fuese lo suficientemente pequeño, serías más un problema de astronomía que de biología. No es exagerado decir que tienes más en común con la Vía Láctea que con la imagen habitual —la del sentido común— que tienes de ti mismo como una masa sólida de carne y hueso.

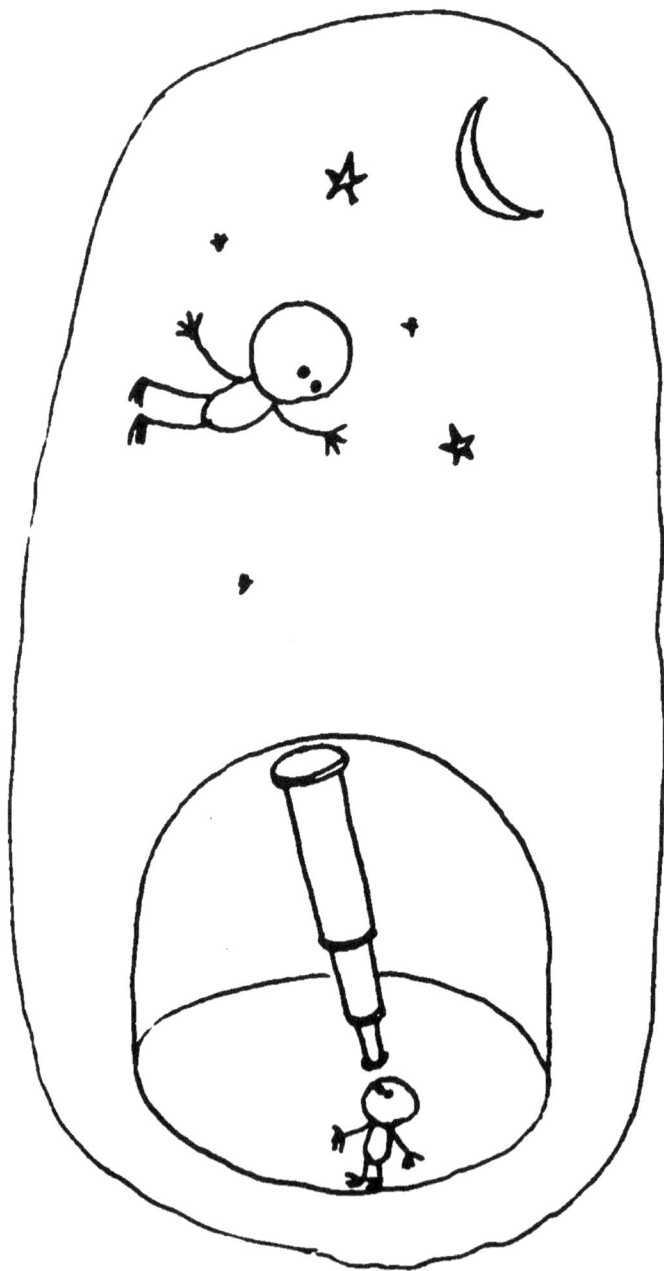

No solo tu cuerpo, sino toda la «sustancia» del mundo está hecha de esta manera, a partir de partículas eléctricas y de nada. En última instancia la Tierra, los hombres, los árboles, las estrellas y los tranvías se reducen a una especie de vacío levemente moteado, y estas motas exhiben un comportamiento tan extraño e indefinido que los científicos han dejado de intentar imaginar cómo son y se contentan con escribir sobre el papel ecuaciones que describan su comportamiento. Dichas ecuaciones nos brindan información de un tipo muy determinado sobre los átomos, electrones y la radiación, del mismo modo que los gráficos de temperatura nos proporcionan información —de nuevo de una clase muy concreta— sobre los pacientes de los hospitales. Los símbolos tienen su utilidad, pero no son más que eso, símbolos.

Así pues, ¿qué clase de mundo es este; un mundo silencioso e incoloro, vacío excepto por las diminutas partículas de electricidad que aquí y allá rompen su monotonía sin sentido, sin propósito, sin alma? ¿En qué lugar de este universo, de esta pesadilla de uniformidad, hay un espacio para ti y para las cosas que valoras? ¿Cómo, de qué manera encajan en esta imagen las flores, los atardeceres, tus amigos, los pensamientos que estás teniendo al leer estas páginas y todo lo demás que conoces como real?

Todo eso llega a la existencia como por una especie de milagro, o mejor dicho, por medio de una serie interminable de milagros, y los milagros no se pueden explicar; tan solo se pueden describir. Una posible descripción, muy condensada, sería la siguiente.

Por así decirlo, las partículas eléctricas serían el equivalente a la materia prima, mientras que, por su parte, el mundo vendría a ser el artículo ya terminado. Lo que ocurre entre la primera fase y la segunda es el resultado de la «sociabilidad», pues los corpúsculos eléctricos, por indeterminados y amorfos que puedan parecer, no se ignoran unos a otros en absoluto. Su evidente inclinación social hace que se agrupen en sociedades exclusivas con aforos que varían entre dos y un buen número de miembros, y decimos que cada una de estas sociedades es un *átomo*. Ahora bien, lo verdaderamente extraño no es tanto que esta sociedad, con su intrincado código de reglas y patrones de conducta social, se forme por sí misma, sino el hecho de que se comporte de un modo tan sumamente distinto a como se comportan sus miembros cuando están en libertad. Es costumbre de los electrones individuales girar alrededor de un núcleo o, más raramente, salir disparados hacia el espacio. En cambio, el átomo tiene una serie de hábitos bastante distintos a los de sus miembros, lo que le convierte en una clase de entidad completamente distinta. Por ejemplo, actúa como si fuese una partícula sólida y, por regla general, muestra una marcada afinidad por otros átomos de cierto tipo.

Los átomos también son «sociables», pues forman igualmente sociedades, en este caso llamadas *moléculas*, cuyo comportamiento también es único y particular. Por ejemplo, cuando dos átomos de hidrógeno se relacionan íntimamente con un átomo de oxígeno, los tres átomos se convierten en una molécula de agua.

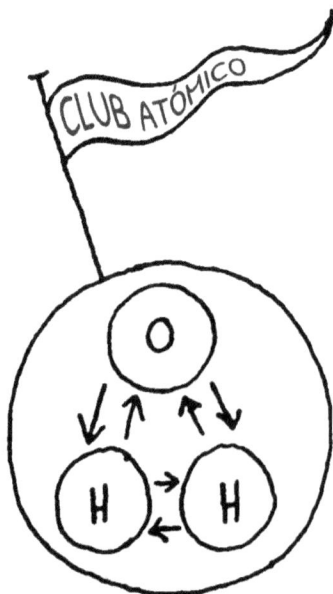

Pero el agua es muy diferente tanto del hidrógeno (el gas que se usa en los globos) como del oxígeno (que forma parte del aire que nos rodea), o de una mera mezcla de ambos. De algún modo, el agua surge a partir del no-agua, y nadie sabe exactamente cómo sucede.

Aunque la mayor parte de tu cuerpo está formado tan solo por unas pocas clases de átomos, contiene muchísimos tipos de sociedades de átomos y de moléculas. Tres ejemplos podrían ser las moléculas de agua de tus células, las moléculas de fosfato de calcio de tus huesos, las moléculas de ácido que te ayudan a digerir los alimentos, y cada tipo de molécula posee nuevas cualidades que no es posible encontrar en sus constituyentes atómicos.

Así pues, estás formado por una cierta cantidad de agua, de ácido, de fosfato de calcio y de otras sustancias químicas. En este nivel, gracias al hábito universal de la sociabilidad, ya hemos llegado a un mundo que nos resulta familiar, si bien aún se encuentra muy lejos de la vida.

Cómo es posible que moléculas inertes den lugar a una célula viva sigue siendo uno de los mayores interrogantes de la ciencia y un sorprendente ejemplo de lo sumamente impredecibles que son los resultados de la sociabilidad. Una célula es una gigantesca sociedad formada por millones y millones de moléculas, todas las cuales, tomadas de forma individual, están muertas.

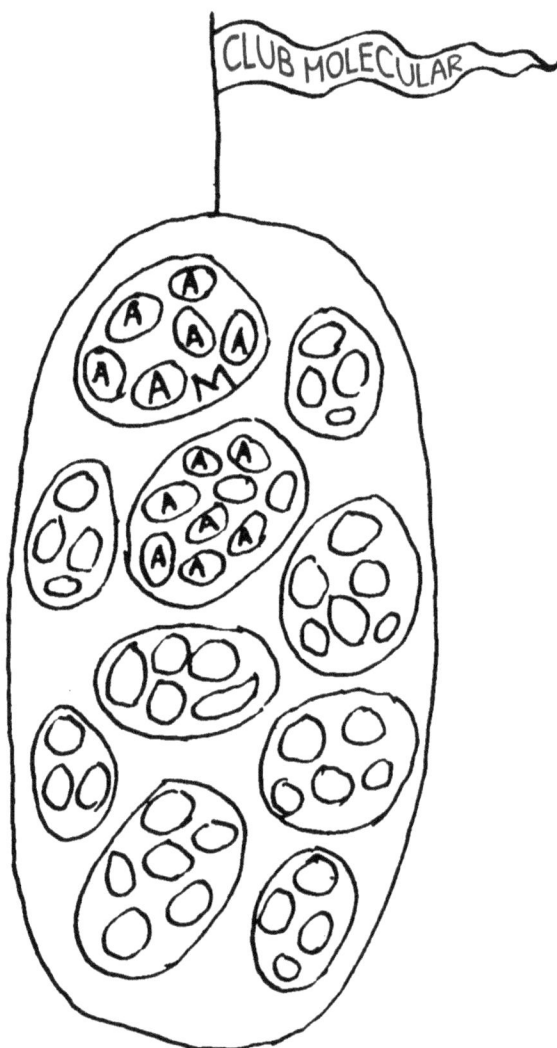

Dichas moléculas presentan diversos tamaños y composiciones, y su comportamiento para con las demás obedece a reglas sociales extremadamente complejas y elaboradas, pero por numerosos que sean estos miembros y por complicadas que sean sus relaciones mutuas, el hecho de que estén muertos como individuos pero vivos cuando se juntan en un cuerpo corporativo, sigue siendo un absoluto misterio.

En el capítulo 2 ya hemos visto el milagro que supone que tú, con todos tus sentimientos humanos, tu capacidad para ser consciente de ti mismo, tu inteligencia, llegues a la existencia a partir de tus células ignorantes e inconscientes de sí mismas.

Y por último, en el capítulo 4, hemos visto cómo la Criatura terrestre, que no es ni hombre, ni planta, ni animal, ni máquina, es el resultado de tu sociabilidad, de la mía y de la del resto de la humanidad, junto con nuestras extensiones.

Por supuesto que la Criatura terrestre no es la última totalidad que existe, pues podemos considerarla como un miembro del planeta Tierra, la Tierra como un miembro de nuestro sistema solar, y nuestro sistema solar como parte del universo.

Ahora tenemos, aunque no sea más que un mero bosquejo aproximado, una imagen del mundo al que perteneces. Comienza con un espacio vacío escasamente salpicado por partículas llamadas *electrones* y *protones* y termina con un espacio vacío escasamente salpicado por partículas llamadas *estrellas*. En alguna zona intermedia es donde emerge nuestra apariencia humana, y entonces aparece el mundo que nos resulta familiar. Sabemos muy poco sobre cómo ha surgido. Lo único de lo que podemos estar seguros es de que la sociabilidad de las cosas —de átomos con átomos, moléculas con moléculas, células con células, humanos con humanos, etc.— obra milagros en la construcción del mundo. De alguna manera, esta sociabilidad ha logrado en el proceso dar origen a cualidades tales como la vida, la mente o la autoconciencia. Y, de algún modo, también ha conseguido crearte a ti.

Tengo una idea de lo que eres, y por lo general considero que esa idea es cierta, pero en realidad es una visión tan estrecha y limitada sobre lo que eres en verdad que prácticamente equivale a una mera ilusión.

Por poner un ejemplo, lo que me pareces ser depende del tamaño que yo tenga. Si, al igual que Alicia en el país de las maravillas, tuviese ocasión de mordisquear una seta que me permitiese aumentar o disminuir de tamaño a voluntad, te vería bajo muchas apariencias distintas.

Imagina, por ejemplo, que al principio soy más pequeño que un electrón y después voy aumentando progresivamente de tamaño hasta ser más grande que una estrella, y que en todas las fases de mi crecimiento estoy equipado con los mismos ojos y el mismo cerebro que tengo ahora. En ese caso, ¿qué apariencia vería de ti?

Al principio te veo como un gran vacío que poco a poco, a medida que voy creciendo, se va solidificando y dando lugar a un mundo de partículas inertes. Ya ha aparecido la materia, pero aún no hay vida. Luego veo cómo las partículas se hacen cada vez más pequeñas hasta fundirse en vastas formas cambiantes, que, siempre disminuyendo, acaban revelándose finalmente como partes de los cuerpos de hordas y hordas de unas gigantescas criaturas sin inteligencia. Estas criaturas, que viven muy pegadas unas a otras, comen, se reproducen y mueren, y cada una de ellas está completamente obsesionada con su problema personal de mantenerse con vida. Tan pronto como esta desagradable colección de animales se reduce lo suficiente, observo que estos seres no están dispuestos de manera aleatoria, sino que viven en colonias grandes y pequeñas. Descubro también que las colonias formadas por una clase de criatura adoptan una forma concreta, mientras que las de otras clases adoptan formas distintas.

A medida que las criaturas continúan disminuyendo y, llegado un cierto punto, se vuelven invisibles, tan solo puedo distinguir los patrones que crean sus masas corporales: hilillos que se ramifican, tubos, embolsamientos, corrientes y zonas que crecen tan tupidas que recuerdan a la jungla. Me pregunto si lo que estoy viendo es un país, si bien un país ciertamente peculiar. Pasado un tiempo caigo en la cuenta, no sin asombro, de que el paisaje que contemplo en realidad tiene forma de persona, de un ser humano vivo semejante a mí. Por así decirlo, ese es el «tú» que conozco, la versión o la apariencia de ti mismo con la que estoy familiarizado. Pero la persona misma tampoco tarda en volverse enana. Se convierte en un «homúnculo», luego en una mota de polvo, hasta que, finalmente, desaparece como tal. En el mismo lugar en el que antes veía al ser humano, ahora veo otro tipo de paisaje, y en el centro de esta nueva escena distingo una especie de gran Enredadera que resplandece por la noche, espira humo, tiene ramificaciones que se extienden hacia el exterior en todas direcciones y está dotada de inteligencia. Es evidente que el hombre al que estaba mirando no es más que una partícula que forma parte de esta Enredadera.

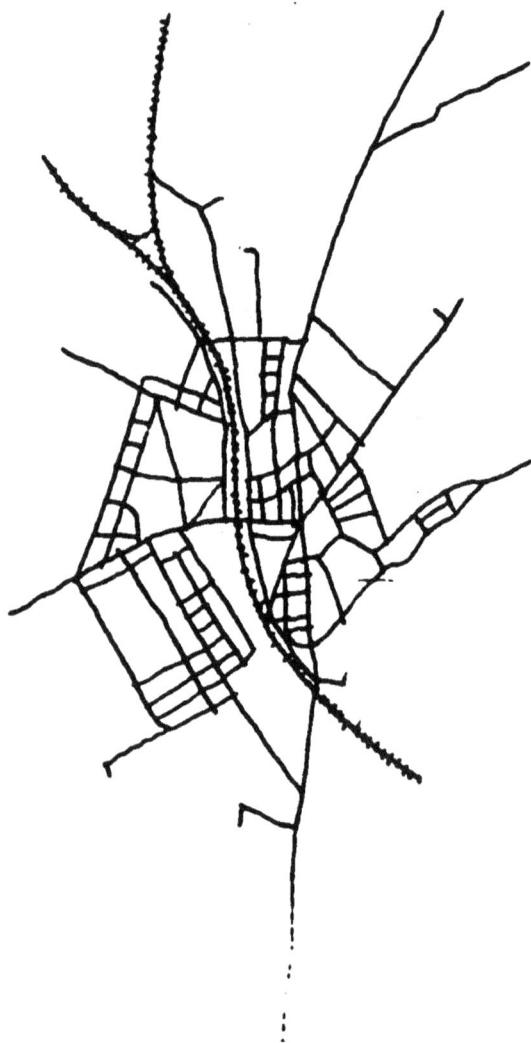

Aunque es enorme, la Enredadera no tarda en desvanecerse de mi vista a medida que la Tierra va disminuyendo y adopta la forma de un globo. Al final, la Tierra misma se vuelve invisible y lo único que veo es el sol, que refulge como una brillante partícula inmersa en una nube de polvo que gira en el espacio.

Ahora ya he alcanzado mi mayor tamaño. Cuando comencé a crecer el mundo estaba vacío salvo por un finísimo «polvo» que había en él. Ahora que soy adulto, el mundo vuelve a ser muy parecido. Pero en mi viaje he visto cosas impresionantes a medida que iba aumentando de tamaño.

Todas esas cosas, todas esas visiones, eres tú.

9

Un espectáculo de un solo hombre

A L PRINCIPIO DE ESTE LIBRO DESCUBRIMOS QUE, dado que lo único de lo que puedes ser consciente son las ideas de tu mente, en realidad no tienes forma de saber cómo es el mundo «exterior».

El sentido común mostró sus discrepancias, insistió en que por supuesto que sabes cómo es este mundo «exterior» y aclaró que se trata de un asunto puramente material. Así pues, del capítulo 2 en adelante hemos asumido que el sentido común estaba en lo cierto —aunque solo fuese en este punto— y nos hemos limitado a tomar el mundo en sentido literal, a aceptar que se trata de un mundo hecho de materia.

Sin embargo, tal como hemos visto en el capítulo anterior, en última instancia la materia está formada por espacio vacío y partículas eléctricas, y no se parece ni remotamente a la idea que de ella tiene el sentido común. Su color, su forma y su solidez han desaparecido, y prácticamente lo único que nos queda de ella es un manojo de fórmulas matemáticas. Ahora al sentido común no le queda más remedio que escoger entre dos malas opciones: o bien acepta un mundo hecho de ideas, o bien se decanta por un mundo hecho de corpúsculos eléctricos que dan vueltas y vueltas en un inmenso vacío.

Incluso estos corpúsculos eléctricos son extrañamente indefinidos. Unas veces se comportan como ondas, otras como partículas. Parece que los científicos son libres de considerarlos como lo uno o como lo otro en función de lo que se ajuste mejor a cada caso particular de su comportamiento. Es como si el punto de vista del observador y la naturaleza del electrón fuesen inseparables. Algunos científicos incluso llegan a sugerir que los electrones son, en cierto sentido, una creación de la mente. Esta opinión parece menos temeraria si tenemos en cuenta que, si bien podemos estar bastante seguros de la existencia de la mente (ya que somos eso, mentes), en realidad la materia no es más que una suposición.

Si hay algo de cierto en lo anterior, entonces hemos cerrado el círculo. Tanto si elegimos considerar nuestro mundo como un sistema compuesto únicamente por ideas o como un sistema hecho de materia, el resultado sigue siendo el mismo: nuestro mundo siempre estará hecho de objetos mentales.

Y lo mismo ocurre contigo mismo: puede que prefieras considerar tu cuerpo como algo material —es decir, como un enjambre de electrones— o como un conjunto de ideas, pero en cualquier caso, tu cuerpo es en última instancia un asunto mental y no material.

Retomemos entonces el punto de vista que establece que eres una mente y que, para ti, tu cuerpo es un complejo sistema de ideas que tienen lugar en el seno de dicha mente.

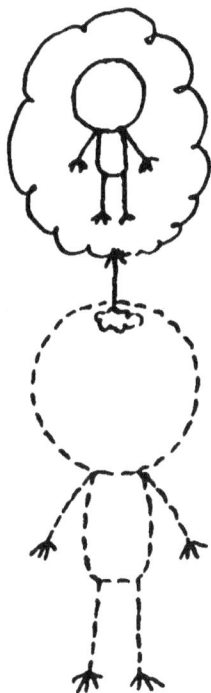

Ya hemos acordado que tu mente no pertenece al espacio. No es ni grande ni pequeña, no tiene forma ni color. No está situada ni dentro ni fuera de tu cabeza. No está en ninguna parte. Si tienes alguna duda al respecto, considera cuánto espacio ocupa el miedo a las arañas que aparece en tu mente, o cuántos centímetros de largo miden tus pensamientos sobre la comida, o si tu amor por los espacios naturales se encuentra al norte o al sur del sueño que tuviste la pasada noche.

Tú eres tu mente, y eso significa que eres esta «cosa» sin forma, sin peso ni color que no está en ninguna parte.

El sentido común podría concluir que eso supone que te hemos borrado por completo de la existencia, pero lo cierto es que no es para nada así. El hecho de que no estés en ningún lugar no significa que no existas. No perteneces al espacio, pero perteneces a un mundo perfectamente real, un mundo que carece de espacio pero que tampoco lo necesita, porque sus «contenidos» no se extienden en el espacio.

Pero entonces, como mente sin espacio, ¿de qué estás hecho? Estás formado por imágenes igualmente «aespaciales». Estas imágenes (de estrellas y tranvías, de tu cuerpo, de arañas, de comida, del contenido de tus sueños) constituyen la materia prima de tu mente.

«Y así —agrega el sentido común— acabamos por no tener ningún estándar en el que basarnos para determinar qué es la realidad. No hay distinción alguna entre lo que veo y lo que imagino. La rata negra que veo cuando estoy sobrio y la rata rosa que creo ver cuando estoy borracho son igualmente reales —o tal vez debería decir "igualmente falsas"—. Esto es absurdo».

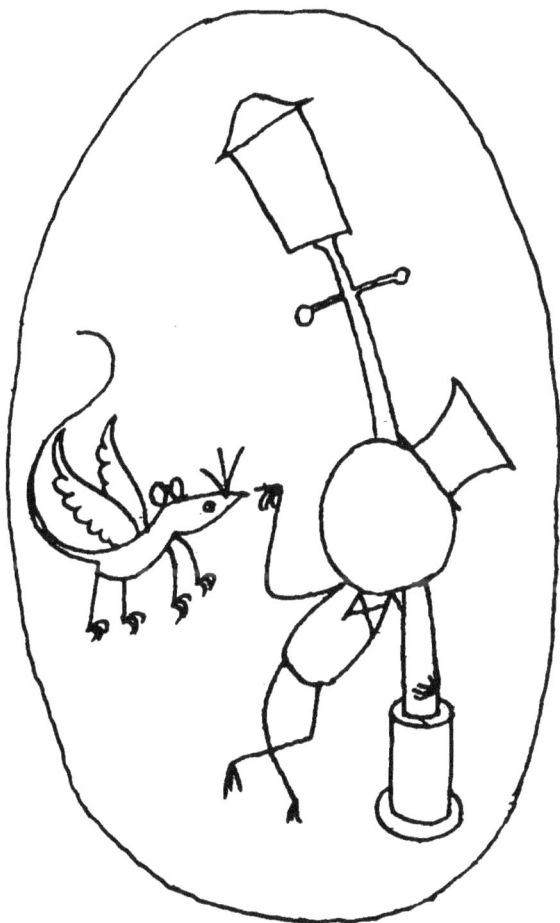

Obviamente, es necesario distinguir entre estos dos tipos de imágenes mentales, pero en lugar de clasificar a la rata rosa como *irreal* y a la rata negra como real, la realidad tendría que englobar a ambos tipos de ratas, por lo que deberíamos establecer otra clase de distinción. Es la siguiente: la rata rosa no concuerda con ninguna de las imágenes de tu galería mental, es extraña, no es consistente con casi ninguna otra imagen. En cambio, la rata negra encaja perfectamente bien. Su imagen no solo se parece a otras imágenes de ratas que guardas en tu mente, sino que además se mueve como ellas, suena como ellas y aparece en un entorno o con un trasfondo muy similar a otros que has visto anteriormente.

Podríamos decir que ambas imágenes son reales, pero que, al no encajar o coincidir con el resto de la exposición mental, colocas la primera en tu «trastero mental» junto con otros elementos discordantes. Y si obras de ese modo es porque estás en tu sano juicio. Los locos dejan que las imágenes de sus trasteros se desparramen por doquier e inunden su galería de imágenes.

Pero tampoco eres una mera acumulación de imágenes más o menos ensambladas u organizadas de algún modo; más bien eres como un centro de arte que bulle de actividad y hace muchísimo más que coleccionar imágenes por el mero hecho de coleccionarlas.

Por ejemplo, cuando aparece una nueva imagen —pongamos por caso, una imagen de una manzana— se manda un mensaje a los sótanos del centro de arte, desde donde rápidamente se envían a la planta baja una multitud de imágenes relacionadas con manzanas. Una vez ahí, la nueva imagen se compara y se contrasta con todas estas imágenes almacenadas. Al considerarla junto con las demás, la nueva imagen adquiere sentido, encuentra el lugar que le corresponde como manzana y como una clase particular de manzana. Por último, se archiva en el sótano, donde se guarda como referencia para usos futuros.

El centro de arte está constantemente clasificando imágenes. Algunas proceden del mundo exterior desconocido y otras del sótano —en gran parte inexplorado—. Todas se organizan y reorganizan sin cesar con el fin de encontrar secuencias o patrones interesantes. Aunque las imágenes carecen de sentido cuando se toman de manera individual, cobran significado como parte de dichos patrones.

Un dato curioso es que las imágenes que provienen del exterior tienden a llegar guardando un cierto orden establecido. Por ejemplo, una imagen de un cielo vespertino suele ir seguida de imágenes de farolas encendidas, de estrellas, de una mesa preparada para la cena, de una partida de cartas y de una cama. Entonces dejan de aparecer imágenes desde el exterior por un breve instante. En cambio, se empiezan a enviar grabados surrealistas desde los sótanos más profundos, lienzos sin aparente orden que se presentan de forma arbitraria y que vuelven a las profundidades antes del amanecer.

El centro de arte no es en absoluto neutral respecto al trabajo que desempeña. Algunas imágenes las aprueba de todo corazón, otras las detesta, y algunas llegan incluso a aterrorizarle. Naturalmente, hace todo lo posible por fomentar la llegada de la clase de imágenes que le gustan —imágenes de buenos alimentos, de un hogar cómodo y acogedor, de amigos, de riquezas, etc.— y por desalentar las que le resultan menos placenteras. Constantemente anuncia qué imágenes le hace falta para completar su colección o para mejorar su categoría.

Por supuesto, la metáfora es imprecisa y de corto alcance. Únicamente sirve para que te hagas una mínima idea de lo complejo que eres. En todo caso, lo que nos importa para nuestro propósito es que tú eres este mundo de imágenes: eres estas imágenes de estrellas, de tranvías y de sueños que siempre se están organizando y formando patrones con sentido y valor.

Es algo que, cuanto más nos paramos a pensar en ello, más extraordinario resulta. Si quieres hacerte una idea de sus enormes implicaciones pregúntate a ti mismo dónde estás exactamente.

No estás atrapado en tu fardo de moléculas, ni en tu ciudad celular, ni en tus setenta kilos de carne y hueso. En todo caso, por lo general esas cosas no te conciernen. Vives tu vida fuera de los límites de ese mundo restringido, en el mundo exterior de las estrellas, los árboles, los tranvías, los hombres y las mujeres. Estas cosas, junto con millones y millones de cosas similares, son lo que tú eres.

Eres una miríada de imágenes aespaciales, sin peso ni posición, que conforman una imagen del mundo, un inmenso retablo compuesto de todas las imágenes menores. Ya sea que estés observando con la ayuda de un telescopio una nebulosa espiral, tan lejana que su luz tarda un millón de años en llegar hasta tu retina, o analizando un glóbulo rojo de sangre humana, tan minúsculo que una sola gota contiene varios cientos de millones, lo que ves te pertenece, es parte de ti.

Ni tan siquiera el cielo es tu límite. Todo lo que ves, oyes, sientes o imaginas, eres tú. A todo paisaje terrestre, marino o celeste le puedes decir: «No estoy aquí, sino ahí. ¡Todas estas montañas, todas estas aguas, estos cielos, soy yo!». Intenta pensar en algo que no seas tú e inmediatamente, por el simple hecho de pensar en ello, lo habrás añadido a tu ser.

10

El espectáculo universal

EMOS VISTO CÓMO TE EXPANDES hasta incluir, si no la totalidad del mundo, sí al menos la mayor parte de lo que tu mente es capaz de percibir o concebir.

En el capítulo 3 te examinamos considerando que eras un cuerpo y llegamos a una conclusión bastante parecida: que te expandes por medio de tus extensiones corporales hasta alcanzar un punto en el que tus límites coinciden con los del universo.

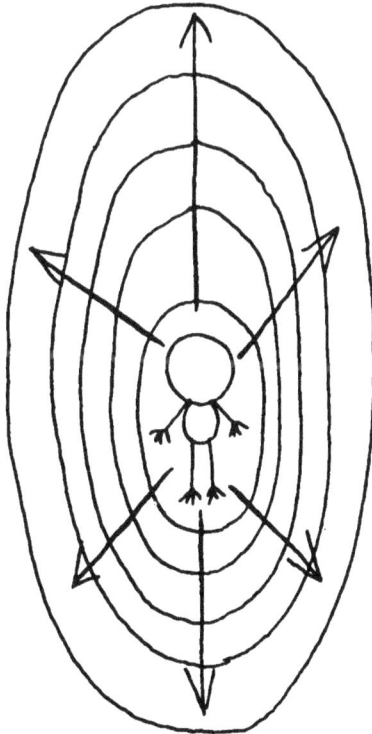

En cambio, en el capítulo 4 descubrimos que, al considerarte en tu entorno social —es decir, como un pequeño cuerpo humano entre otros dos mil millones de cuerpos humanos— acabamos teniendo una imagen de ti muy distinta. Te encoges hasta resultar prácticamente insignificante. Pues bien, ahora ha llegado el momento de repetir este proceso de «desinflado» y fijarnos en ti como una mente inmersa en un mundo repleto de otras mentes.

Sin embargo, en esta ocasión nos topamos con una gran dificultad: que no sabes nada sobre el mundo «exterior». Para ti en realidad no existe ningún mundo exterior. Bajo tu punto de vista, un objeto existe en tu mente o no existe en absoluto. O, dicho de otro modo, si existe, entonces es parte de ti, y si no existe no tienes forma de saber nada sobre él.

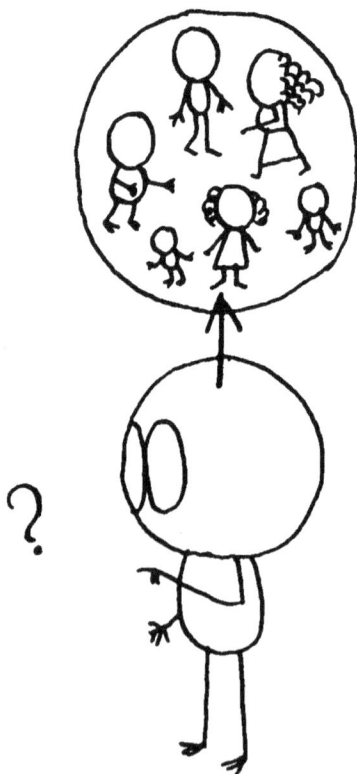

No puedes probar la existencia de nada más que de las ideas que aparecen en tu mente (ideas que, por otro lado, son auto-evidentes). Y en particular, no puedes probar la existencia fuera de tu mente de los cuerpos de otros hombres, ni mucho menos de sus mentes.

Como vemos, hemos llegado a un callejón sin salida, y pro-seguir por este camino, si bien sería algo sumamente razonable, no nos llevaría demasiado lejos. En cualquier caso, estás con-vencido de que tus amigos, yo y el resto de las personas existi-mos, así como de que todos nosotros percibimos el mismo mundo que tú. Por supuesto que existe la posibilidad de que estés equivocado, pero albergar unas convicciones tan fuertes y, al mismo tiempo, estar completamente equivocado, sería de lo más extraño.

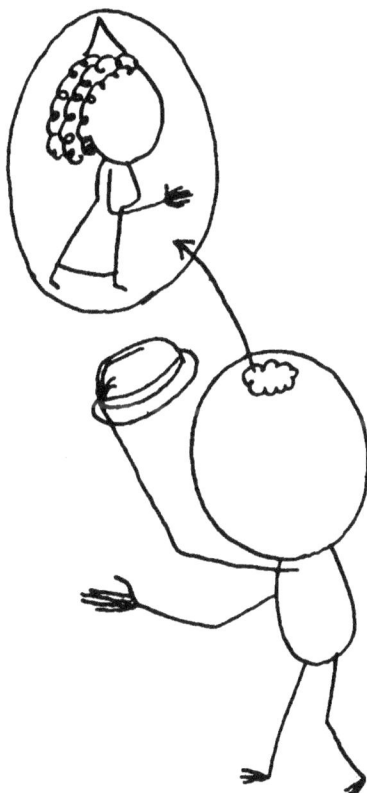

Por estas razones (tal vez a ti se te ocurran otras), es indudable que llegarás a la conclusión de que no estás solo en el mundo, de que existen otros hombres y mujeres en él, los cuales, son como tú.

En el capítulo anterior vimos que tú mismo eres el mundo de los cielos, las estrellas, los tranvías y todo lo demás, que todas estas cosas están integradas en un sistema de imágenes extremadamente complicado. También yo y el resto de la gente somos así; todos vivimos en estas cosas «externas». Hay tantos «centros de arte» como hombres, mujeres y niños, pero las imágenes que albergan son compartidas.

Está claro que tu colección y la forma en la que organizas las imágenes difieren en mayor o menor medida de las de los demás, pero, por ejemplo, una imagen de una manzana seguramente signifique prácticamente lo mismo para ti que para mí.

Las imágenes de cielos que se oscurecen, de estrellas y de la luz de las farolas aparecen en el mismo orden en mi mente y en la tuya. Este libro, que en realidad es un patrón de imágenes que se forman en mi mente, ha de corresponder a un patrón de imágenes muy similar en la tuya, pues de lo contrario hace ya mucho tiempo que habrías dejado de leerlo.

Dicho con otras palabras, tu mundo, si bien cuenta con detalles y matices únicos, es también mi mundo. Estamos hechos a partir del mismo material, a partir de las mismas imágenes aespaciales. El hecho de que mi versión sea diferente a la tuya es uno de los aspectos que hace que no seamos idénticos, pero no evita que nos solapemos. Tú eres un ángulo concreto del mundo y yo soy otro ángulo ligeramente distinto, pero el mundo en sí es muy similar en ambos casos.

O también podríamos explicarlo diciendo que existe un mundo de «ideas» a las cuales nosotros, los seres humanos, tenemos acceso. Se trata de un mundo sin espacio ni peso, y sin embargo contiene en su seno todo aquello que, según nos parece, pertenece al espacio. Este mundo es nuestra propiedad común. Todos lo compartimos, todos pertenecemos a él, todos somos parte de él, pero ninguno de nosotros lo abarca por completo. Por así decirlo, todos somos un aspecto limitado de dicho mundo.

Eso significa que tú y yo no estamos separados. Supongamos que ambos estamos mirando un paisaje lejano. Los árboles, el cielo, las nubes, las montañas... Todo eso me pertenece, es parte de mí. Cuando contemplas estas cosas me estás mirando a mí. Pero también son parte de ti. Así pues, al mismo tiempo me estás viendo a mí y a ti mismo. Ahí fuera, en el «exterior», nos entremezclamos.

Además de tú y yo, hay unos dos mil millones de hombres, mujeres y niños en el planeta, y ninguno de nosotros vivimos encerrados o confinados en nuestro cuerpo. Aparentemente estamos separados unos de otros, pero ahí afuera, en nuestro mundo común, nos convertimos en uno.

11

El centro de la imagen

«**A**ÚN NO HEMOS RESPONDIDO —replica el sentido común— a la cuestión de qué es mi mente. Has hablado largo y tendido sobre lo que no es, pero en todo momento has evitado expresar claramente lo que es. Todo lo que has expuesto sobre imágenes que no ocupan ningún espacio y el complicado asunto de gestionar dichas imágenes no es más que una parte de la maquinaria de mi mente y no la mente en sí, del mismo modo que los ladrillos, las ventanas y las puertas son partes de una casa pero no se parecen en absoluto a la casa como tal. Así pues, ¿qué es la mente en sí misma, en su esencia?

Lo que me lleva al segundo punto. Yo no soy una mera colección de imágenes que están constantemente cambiando de orden en una galería. Más bien diría que soy el propio coleccionista. Pero ¿quién es este coleccionista? Creo que en lo más hondo, en el fondo de mi ser, más allá de todas las menudencias y fruslerías que tienen lugar en mi mente, hay algo, llámalo como quieras, que es mi verdadero yo. Dime a qué me refiero exactamente cuando digo *yo*. ¿Qué es? ¿De dónde ha salido? ¿A dónde va?».

Muy bien, entonces ocupémonos antes que nada de la cuestión de qué es la mente.

En cierto sentido, sabes muy bien qué es la mente, si bien cuando intentas poner ese conocimiento en palabras descubres que te resulta casi imposible. Sabes qué es la mente porque eres una mente. Eres una mente todo el tiempo, tanto si quieres serlo como si no, sin un solo momento de descanso. Así pues, si tú no tienes información de primera mano sobre esta cuestión, ¿quién más puede tenerla? Es lo único que sabes, pero al mismo tiempo y por esa misma razón, es incognoscible. La dificultad estriba en que no hay nada con lo que puedas compararla, nada que puedas usar para arrojar luz sobre ella.

Lo cierto es que cuanto más íntimamente tuya es una cosa, cuanto más eres esa cosa, más difícil le resulta a tu inteligencia entenderla.

Para ilustrar este punto, consideremos en primer lugar tu cuerpo. Si perdieses una pierna o un brazo seguirías sintiendo que tu yo esencial está intacto. Probablemente puedas, sin demasiado esfuerzo, imaginarte a ti mismo completamente fuera de tu cuerpo y, aun así, seguir siendo tú mismo.

En otras palabras, tu cuerpo no es tan parte de ti como para que no puedas alejarte mentalmente de él y, desde esta posición exterior, percibir al menos parte de su naturaleza. Puedes describir de forma minuciosa y con gran detalle cómo funciona, puedes manejarlo, operarlo, estar seguro de él.

Ahora considera tu mente. Puedes imaginarte a ti mismo privado de algunos de tus recuerdos, pero ¿eres capaz de imaginarte sin tu mente en su conjunto, sin mente como tal? ¿Puedes imaginarte permaneciendo como ti mismo si olvidases todas tus experiencias, o si tu mente quedase totalmente en blanco a partir de ahora? Al menos estarás de acuerdo en que es mucho más difícil pensar en ti mismo tal como te conoces, como lo que has sido hasta ahora, sin tu mente que sin tu cuerpo. Por decirlo sin rodeos, tu mente forma más parte de ti mismo, de tu esencia, que tu cuerpo. Se encuentra más cerca del centro, por lo que no puedes alejarte de ella para verla desde la distancia. Por eso jamás podrás conocer la naturaleza de tu mente en el mismo sentido que puedes conocer la naturaleza de tu cuerpo.

Y por último, consideremos este «algo» que, según el sentido común, constituye tu yo más real y esencial. Está justo en el centro y, como es obvio, no puedes salir de él, no puedes amputar nada de él, ni siquiera un trocito, ni tampoco influir en él de ninguna manera. Ahí está, puro, indivisible, simple, incognoscible, y sin embargo más tú que tu propio cuerpo, más tú que tu mente.

Puedes ver y oír tu capa externa: el cuerpo; puedes pesarla y tomarle la temperatura, puedes medirla y dividirla en pedazos. En cambio, no puedes ver ni oír tu segunda capa: la mente; no puedes pesarla, ni medirla, ni ubicarla, aunque es rica en detalles y sus funciones pueden describirse mediante símbolos. Y por último, no solo te resulta imposible ver u oír tu núcleo, tu esencia, ese «algo» central, sino que también se encuentra más allá de toda descripción, más allá de la razón. Una de las pocas cosas que podemos decir de él es que existe, y muchos ni tan siquiera están seguros de eso.

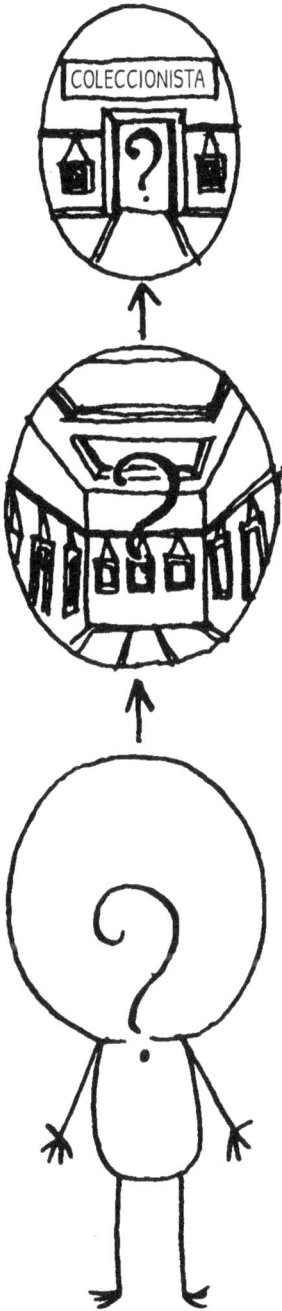

Pero en última instancia no tiene sentido decir que una parte de ti es menos esencial, menos realmente tú, que otra. Solo superficialmente el cuerpo es más conocible que la mente y la mente es más conocible que nuestro ser esencial, pues en realidad los tres son igual de misteriosos. Lo cierto es que nos resulta igual de imposible comprender qué es nuestro cuerpo como comprender qué es la mente, y la mente no es menos misteriosa que ese «coleccionista de imágenes» al que se refiere el sentido común. En todo caso, tú no eres tres cosas distintas, sino una.

Cuando, al igual que hacen los niños al despedazar un reloj, empezamos a fragmentar esta unidad en distintas partes para ver cómo funciona, cometemos un terrible error porque al tratar de comprender esa unidad la dividimos, y dividir una unidad es destruir su unicidad.

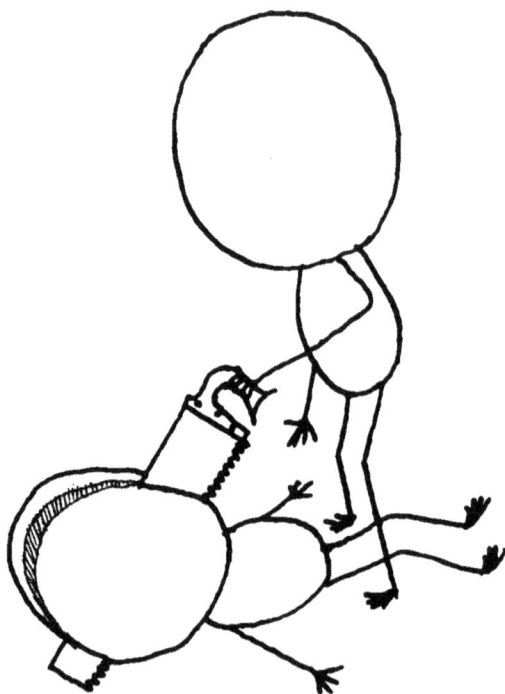

12

El retrato compuesto

ARA ELABORAR ESTE RETRATO de ti mismo hemos reali-
zado once estudios preliminares. No son más que bocetos previos hechos a mano alzada, por lo que es inevitable que carezcan de detalles, que estén algo distorsionados y no
sean más que simples muestras de los innumerables bocetos,
cada uno dibujado desde un ángulo distinto, que podríamos
hacer de ti.

Consideremos brevemente tres omisiones obvias. Por un lado está la imagen que el psicoanálisis tiene de ti como una masa
hirviente de impulsos primitivos —y, en su mayor parte des-
honrosos— que un elaborado sistema de válvulas de seguridad
consigue mantener a raya.

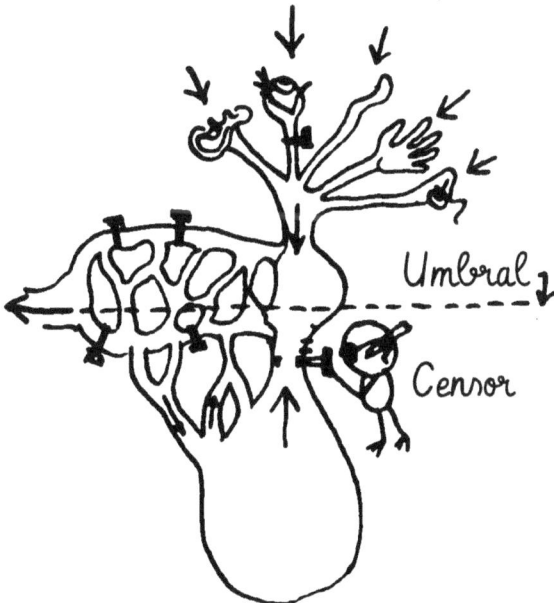

También tenemos la interpretación que la fisiología hace de ti como una fábrica química, un sistema de riego, una central telefónica, una estación de radio y un motor principal, todo en uno.

Y también está la impresión que el marxismo tiene de ti como una gota de agua inmersa en una fortísima corriente social que fluye, tortuosa pero implacablemente, hacia una tierra en la que cada uno aportará en función de sus habilidades y recibirá en función de sus necesidades.

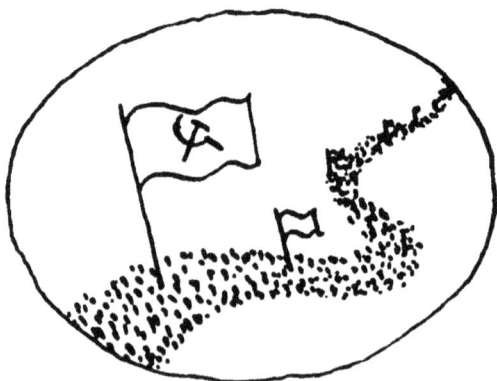

Pero por muchos estudios que hiciéramos —cada uno con su parte de verdad—, aún estarían muy lejos de la verdad completa, y es que tú no eres un centenar de «–ologías», sino una unidad. Para tener un pequeño atisbo de ti como un todo no solo sería necesario sumar todo lo que la física, la química, la bioquímica, la biología, la psicología, la sociología y la filosofía tienen que decir sobre ti, sino también sintetizar todos sus hallazgos, unirlos en una única gran «–ología», y la ciencia está muy lejos de ser capaz de llevar a cabo esa clase de síntesis. Por así decirlo, te ve por partes, parcialmente, pero nunca como una totalidad, nunca en conjunto.

No tendría sentido tratar de lograr aquí aquello en lo que la propia ciencia ha fallado. Resulta obvio que nos es imposible elaborar una imagen compuesta clara y exacta a partir de nuestros once bocetos, pero tal vez podamos discernir ciertas líneas generales que son comunes en todos ellos, patrones que quizá nos permitan vislumbrar el patrón que forma tu ser como un todo.

A lo largo de este libro el sentido común ha defendido que:

(1) Eres limitado.
(2) Estás separado.
(3) Eres conocible.

A lo cual, tras un poco de investigación, hemos respondido que, en realidad:

(1) Eres ilimitado.
(2) No estás separado.
(3) Eres incognoscible.

O, con más detalle:

(1) Como cuerpo, eres ilimitado. Te expandes en el espacio haciendo que te crezcan extensiones en la piel, en los brazos, en las piernas, en el aparato digestivo y los órganos sensoriales,

hasta que tu cuerpo abarca todo el planeta. Después te expandes aún más hasta incluir a las plantas y los animales que hacen posible tu vida particular, así como el suelo, el aire y la luz solar que hacen posible la vida en su conjunto. De hecho, no es posible determinar dónde termina tu cuerpo. No tiene límites. (Capítulo 3).

Y también te remontas en el tiempo, como un gigantesco cuerpo disperso que abarca aproximadamente los últimos dos mil millones de años. En última instancia, tu pasado es la totalidad de los eventos que han contribuido a convertirte en lo que eres, mientras que tu futuro es el efecto que seguirás teniendo en el mundo. Es imposible decir cuándo empezaste o cuándo terminarás. (Capítulo 6).

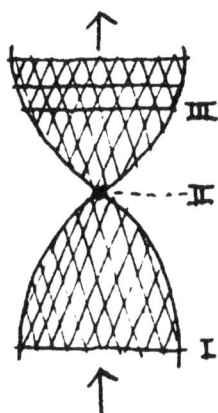

También eres ilimitado como mente. Eres todo lo que experimentas, y tu experiencia incluye o engloba al mundo entero. Eres todo lo que tu mente es capaz de contener, ¿y quién puede medir la capacidad de tu mente? (Capítulo 9).

(2) Como cuerpo, no estás separado. Eres una partícula diminuta e insignificante que vive, se mueve y tiene su propio ser, una partícula entre millones y millones de partículas como tú, todas ellas inmersas en una gran Criatura terrestre cuyo cuerpo se asemeja a una enredadera gigantesca. (Capítulo 4).

Y eres una partícula aún más insignificante dentro del cuerpo de un enorme pero disperso ser vivo del cual la Criatura terrestre vendría a ser como una especie de órgano. (Capítulo 7).

Tampoco estás separado como mente. Ahí fuera, en el mundo que eres tú y que también soy yo, te entremezclas conmigo y con el resto de la humanidad. (Capítulo 10).

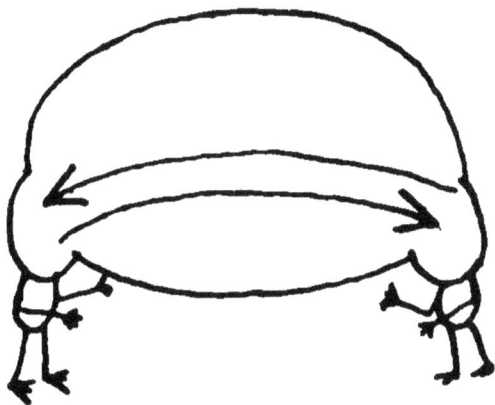

(3) Como cuerpo, eres incognoscible. Eres un espacio vacío ligerísimamente salpicado por unas entidades completamente misteriosas. (Capítulo 8).

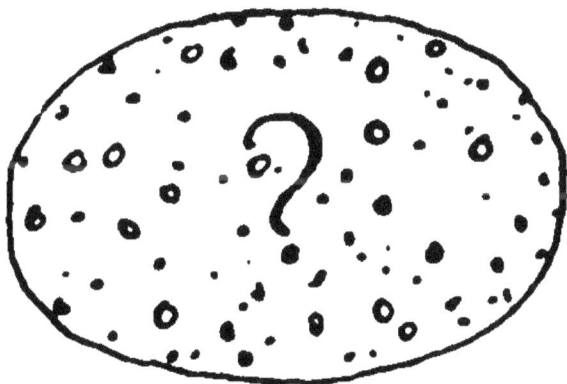

Eres una ciudad dentro de la cual habitan miríadas de habitantes, los cuales están hechos a partir de material inerte, pero, no obstante, están vivos. Pero cómo tú, un ser inteligente y consciente de sí mismo, surges a partir de la congregación de estos habitantes estúpidos e inconscientes, está más allá de toda especulación. (Capitulo 2).

En resumen, no sabes qué es la materia prima de la que estás hecho, ni qué proceso tiene lugar para dar lugar al artículo terminado, ni, para el caso, qué es dicho artículo final o cómo se mantiene. (Capítulo 5).

En cualquier caso, si tu cuerpo tiene existencia por sí mismo, si existe de forma independiente de las ideas que tienes sobre él, jamás podrás saber cómo es dicha existencia. (Capítulo 1).

También eres incognoscible como mente. Por así decirlo, eres una «sustancia» invisible, que no ocupa espacio alguno ni se encuentra en ningún lugar. En cuanto a qué es la mente, es una pregunta sin respuesta. (Capítulo 11).

Todos estos son, brevemente, los resultados a los que hemos llegado en nuestro debate con el sentido común. Tal vez estés de acuerdo con estas conclusiones pero aún persista en ti alguna duda sobre si resulta aconsejable indagar tan de cerca en nuestra propia naturaleza. Sobre esta cuestión podemos decir tres cosas. En primer lugar, es cierto que rehuimos todo lo que nos altera la mente, todo lo que nos confunde o nos inquieta, pero no es menos cierto que muchas veces estas perturbaciones resultan ser bastante fructíferas. Después de todo, el propio crecimiento es una especie de perturbación constante y es imposible crecer mentalmente sin perder la paz mental de vez en cuando. En segundo lugar, de todos modos tampoco puede decirse que la mente de la mayoría de nosotros esté particularmente tranquila y serena. El estado del mundo, por no hablar de nuestras dificultades privadas, dan fe de ello. Así pues, una pequeña alteración adicional no es algo que deba preocuparnos, y tal vez a la larga saber lo peor —o lo mejor— sea lo más recomendable para nuestra tranquilidad. En tercer lugar, cuando te encuentres en tu lecho de muerte ya será demasiado tarde para que empieces a preguntarte qué es tu vida, y desde luego yo lamentaría morir sin haber sido capaz de encontrar el tiempo suficiente para sentirme fascinado ante el hecho de estar vivo, de existir. Es cierto que es necesario estar ocupado, pero que los hombres estén completamente inmersos todo el tiempo en los asuntos propios de la vida equivale a perderse la mitad de lo que vale. Lo que nos distingue de los animales inferiores no es la actividad sino la conciencia. Cuanto más alto en la escala evolutiva está un animal, más consciente es, y cuanto más consciente es más profunda e intensamente vive.

También es posible que estés de acuerdo en que es nuestro deber procurar conocernos a nosotros mismos y que bien vale la pena como ejercicio intelectual, pero dudes si puede tener algún valor real para ti o tener un efecto apreciable en tu vida.

Las sugerencias que presento a continuación son de carácter más personal y, en consecuencia, resultan más controvertidas que el resto del libro. En todo caso, no pretenden ser más que meras indicaciones. Sería necesario por lo menos otro libro como este para hacerle una mínima justicia a los muchos interrogantes —por ejemplo, la cuestión del libre albedrío, o la cuestión de la maldad— que plantean.

Tomemos pues las tres conclusiones principales a las que hemos llegado e intentemos averiguar qué relación podrían tener, si es que tienen alguna, con el problema de la infelicidad o la falta de plenitud.

(1) Eres ilimitado

La sensación de estar limitado es una de las principales causas de desasosiego e inquietud en los seres humanos. Todo el mundo quiere sentir que es grande e importante. A nadie le gusta la sensación de estar encerrado, constreñido o restringido, la sensación de ser pequeño. Todos queremos crecer sea como sea. Hay varias cosas que podemos hacer para satisfacer este ardiente deseo.

Por ejemplo, puedes expandirte agregando a tu ser grandes posesiones: una casa magnífica, jardines, coches caros, sirvientes... Puedes acumular dinero, invertirlo por todo el mundo y expandirte de ese modo. O también puedes conseguir fama, volverte popular, alcanzar cierta notoriedad, pues es una manera de sentir que estás a cierta distancia —por encima— de los demás.

Todas estas son formas de crecer, pero en la medida en que tu crecimiento no satisfaga tus deseos, te sentirás infeliz e insatisfecho. Incluso si logras un cierto éxito y consigues todas las posesiones, el dinero, la popularidad y la fama que ahora deseas, siempre existe la posibilidad de que llegue un momento en que quieras más. En esta dinámica, cuanto más creces menos te satisface cada nueva adición. Otra fuente de desdicha es que cuanto más creces más vulnerable te vuelves. Ahora tienes más que perder, y es más fácil perder cosas que ganarlas.

A este respecto, algunos moralistas dirían que todo esto solo prueba que es mucho mejor contentarse con lo que uno es y con lo que uno tiene, pero yo creo que estos moralistas están equivocados. El impulso de expandirse hunde sus raíces en lo más profundo de la naturaleza humana, y el verdadero problema no es cómo deshacernos de esa urgencia, sino cómo satisfacerla por completo.

Por supuesto que está muy bien que disfrutes de todas las riquezas y la fama que se presenten en tu camino, pero nunca has de perder de vista que se trata de una forma de crecimiento tremendamente limitada e incapaz de proporcionarte una satisfacción duradera. No son más que extensiones insignificantes de ti mismo, y solo un ángulo equivocado de ti mismo puede hacer que, desde esa perspectiva, parezcan sumamente atractivas.

Y es que en realidad ya eres ilimitado. Como en la canción, ya puedes decir que el mundo entero te pertenece[*]. En comparación con esa propiedad, una casa más grande, más hectáreas de terreno, una cuenta bancaria más abultada o contar con una gran reputación a nivel nacional parecen cosas bastante triviales. ¿Qué diferencia pueden suponer algunas posesiones adicionales para alguien que ya es tan grande como el ancho mundo? ¿Por qué habría de parecerle tan sumamente atractivo el elogio de unos pocos miles de hombres durante unas pocas décadas a una criatura que ha vivido en un millón de hombres, que nació hace cientos de millones de años y ya es todo el mundo que su mente puede imaginar?

Tu falta de límites no es una simple teoría, sino una certeza, una realidad constatable, pero como es un hecho contrario al sentido común es difícil asumirlo, aceptarlo y hacerlo propio, de modo que se convierta en parte de nuestro pensamiento cotidiano. Únicamente mediante la práctica constante podrás llegar a ser consciente, al menos en parte, de tu inmensidad.

Cuando estés escuchando música o el canto de los pájaros, cuando estés viendo fotos, contemplando algunas flores o mirando el rostro de tus amigos, verdaderamente puedes decir: «Me estoy viendo y oyendo a mí mismo. Mi ser incluye todo esto. Todas estas cosas no se hallan fuera de mí. En lugar de estar atrapado o confinado en un pequeño cuerpo, me expando en total libertad por entre todas estas cosas que tan bien conozco y que tanto amo. Estoy ahí, en cuerpo y mente, extendiéndome más y más hacia la totalidad».

---

[*] «The whole wide world belongs to you» en el original. Probablemente se refiere al tema *Just once for all time*, de la película musical de 1931 *Congress Dances*. (N. del T).

(2) No estás separado

La soledad es otra de las causas de la desdicha y la angustia humanas. Muchas veces nos sentimos separados de las personas y de las cosas, abandonados por todos y por todo, intolerablemente distantes, aislados, solos y desamparados. En un momento u otro de nuestra vida, todos hemos sentido el aguijonazo de la soledad. Para algunos es un sentimiento permanente.

Pasamos gran parte de nuestro tiempo esforzándonos por dejar atrás la sensación de estar perdidos en el mundo. Los medios que empleamos son las funciones sociales, las competiciones deportivas, las celebraciones religiosas o cualquier otra actividad en la que el individuo se pierda en el grupo. Somos animales sociales, y la sociabilidad, como vimos en el capítulo 8, es la base sobre la cual se construye el universo. Cuando nos fusionamos en grupos humanos, simplemente estamos continuando con el mismo proceso mediante el cual nuestros electrones, átomos, moléculas y células hacen posible nuestra existencia.

Para algunos el grupo es la familia, y, en un mundo ajeno, extraño y más o menos hostil, el hecho de pertenecer conscientemente a ella nos proporciona una sensación de paz y seguridad. Para otros es la Iglesia, un partido político o una nación que exige lealtad y, a cambio, ofrece cierto alivio a su sensación de soledad. Pero esta clase de unidades, cuando se consideran como totalidades con las cuales fusionarse, presentan al menos tres graves defectos.

En primer lugar, pueden dejarte en la estacada. Puede ser que muestres una lealtad inquebrantable hacia tu familia, pero que, por muy variadas razones, te fuerce a sumirte de nuevo en tu soledad. Tu Iglesia o tu partido político pueden no reparar en absoluto en ti, en tu autenticidad y en los servicios que les prestas, y darte la espalda. Es bien sabido que las naciones tienden a ignorar hasta a sus miembros más notables o, peor aún, a eliminarlos. Es inevitable que tal falta de fiabilidad en los objetos en los que depositas tu lealtad, suponga, al menos de vez en cuando, que te sientas separado y alienado de ellos.

En segundo lugar, son exclusivos. Es muy probable que un entusiasta sentido de pertenencia a una familia, un partido político, una Iglesia o una nación consiga erradicar tu sensación de separación en una esfera muy reducida, pero solo a costa de enfatizarla en una esfera mayor. Visto desde la crisálida o el caparazón de tu familia, el mundo exterior presenta un aspecto artificialmente hostil. En este sentido, el político entregado a su partido suele destacar por su rencor; con demasiada frecuencia la seriedad y la gravedad del ferviente eclesiástico es también la medida de su estrechez de miras; el nacionalista se alimenta de su acalorada oposición, ya sea real o imaginada, a los extranjeros. El precio que has de pagar por el consuelo que te aporta perderte en grupos tan limitados es el sentimiento agudizado de tu separación con respecto al mundo que queda fuera de los límites de dicho grupo, un precio ciertamente muy alto. Así pues, es necesario que nos entreguemos a algo mayor, que depositemos nuestra fidelidad en algo más elevado.

En tercer lugar, no son completamente satisfactorios. Independientemente de lo muy apegado que estés a tu familia, a tu Iglesia, a tu nación o a alguna otra unidad, aun así seguirá habiendo momentos en los que experimentarás una soledad absoluta. Tu vida familiar conecta contigo en muchos aspectos, pero hay facetas de tu ser que tienen poco o nada que ver con ella. Es muy raro —si es que ha ocurrido alguna vez— que una Iglesia o un partido político exija una lealtad total y absoluta a sus militantes; siempre habrá una parte de ti que permanece sola y distante. Tu ser más profundo no se ve afectado por estas lealtades (superficiales) y anhela una fusión mucho más grande, más elevada, más relevante. Hasta para el más ferviente nacionalista ha de haber momentos en los que duda pecaminosamente de la dignidad del grupo al que adora.

Estos tres defectos sugieren que deberíamos tratar de encontrar un todo más fiable, más inclusivo y satisfactorio, una totalidad a la que poder unirnos conscientemente.

¿Podría ser la Criatura terrestre que hemos visto en el capítulo 4 dicha totalidad? Ciertamente, tu pertenencia a esta Criatura dista mucho de ser algo banal o superficial. El hecho de que seas o no seas consciente de que formas parte de ella, o de que quieras o no quieras pertenecer a ella, no supone ninguna diferencia, pues estás inextricablemente inmerso en dicha Criatura. Tu cuerpo está inmerso en el seno del suyo, y en esto no es posible hacer novillos. Como mente, eres lo que eres gracias al hecho de ser parte de ella. Dentro de esta Criatura, tú, yo y el resto de la humanidad nos convertimos en uno sin importar cuál sea nuestra clase social, nuestro credo o nuestra nacionalidad.

Tal vez esta sea una totalidad que satisfaga nuestras dolencias, un todo verdaderamente digno y merecedor de nuestra entrega. Y, sin embargo, en la práctica no lo es. Ya ha habido varios intentos de establecer al hombre —o a algún otro concepto que, si bien no es exactamente lo mismo, se aproxima mucho a lo que representa nuestra Criatura terrestre— como objeto digno de adoración humana, pero todos ellos han fracasado. Y la razón es que necesitamos sentir que pertenecemos a algo más grande, algo menos humano, algo más independiente de nosotros mismos. Ser consciente de tu pertenencia a la Criatura terrestre es un paso en la dirección correcta, pero necesitas ir más lejos para encontrar un todo lo suficientemente grande como para perderte en él por completo.

¿Qué hay de la Vida con mayúsculas, esa criatura ancestral cuyo cuerpo disperso sigue siendo, no obstante, un cuerpo? ¿Es esta totalidad suficientemente grande, suficientemente sobrehumana? Eres parte del cuerpo de la Vida tanto como la hoja es parte del árbol. Ni una sola partícula de tu ser se encuentra fuera de este cuerpo. Como una diminuta «célula» de este Organismo estás en comunión no solo con el resto de la humanidad, sino con todos los seres vivos.

Pero, de nuevo, aquí también encontramos ciertas dificultades. ¿Qué es el cuerpo de la Vida sino una delgada película que se extiende por la superficie externa de una mota de polvo que gira en un universo que nos es ajeno? Vista así, la Vida en el planeta Tierra es infinitamente pequeña, y a buen seguro no es lo suficientemente grande como para satisfacerte. Por otro lado, es vulnerable. Muy probablemente llegará un día en que la vida en este planeta se extinga por completo, pero tú necesitas sentir que perteneces a algo inmortal, a algo que no puede desaparecer. Y por último, no puedes sentir una lealtad plena y total hacia una criatura a la que, por lo que parece, tu destino le es indiferente (tu muerte no le afectará en lo más mínimo), que está repleta de elementos destructivos (como los gérmenes causantes de enfermedades) y cuya mente —si es que tiene alguna— es, cuando menos, cuestionable.

Así pues, la Vida no sirve para nuestros propósitos. ¿Qué más nos queda? La totalidad en sí misma. Lo único que puede satisfacerte de verdad es el hecho de formar parte conscientemente de todo lo que existe. Menos que eso no sirve.

No puede haber nada más permanente, más inmenso, más inclusivo, que la totalidad de las cosas. Como parte de dicha totalidad, no estás separado de nada. En su seno, te entremezclas físicamente con todas las cosas; como mente, te entremezclas con todas las otras mentes. Ahí eres uno con todos los seres, uno con todo lo que tu mente puede abarcar.

Si la totalidad te falla, si no te sirve, no hay nada más que pueda salvarte. Pero ¿acaso es posible pensar en eso? ¿Acaso es posible concebir que la totalidad pueda abandonar o desligarse de una parte de sí misma? Sin duda es una cuestión de gran calado, pero sea cual sea la respuesta, hay algo de lo que podemos estar seguros: lo único que puede aliviar de forma permanente tu sentimiento de soledad y alienación es el hecho de ser consciente de tu pertenencia a la totalidad.

(3) Eres incognoscible

La ansiedad es una tercera causa de infelicidad. Por *ansiedad* me refiero a preocuparte por lo que has sido, por lo que eres y por lo que serás en el futuro. Deseas tranquilidad, paz mental, algo ciertamente difícil de encontrar.

Puede decirse que la paz que aporta el agotamiento físico y mental es prácticamente la única clase de paz que llegamos a conocer la mayoría. Las competiciones deportivas, el trabajo duro y la actividad sexual pueden proporcionarnos esa sensación de paz, pero la inquietud no tarda en regresar. Las cosas que «te sacan de ti mismo» no te mantienen ausente por mucho tiempo, y el eterno problema del yo inquieto, ansioso, inseguro, desarraigado, vuelve a presentarse una y otra vez. Por mucho que te esfuerces y te afanes en la vida o, para el caso, por mucho que pienses, nada de esto podrá compensar jamás la falta de un lugar en el que poder refugiarte verdaderamente, un espacio en el que no necesites salir de ti mismo porque ya has conseguido dar respuesta a la cuestión de quién eres.

Este desasosiego es el resultado de una idea errónea sobre tu propia naturaleza. Se produce porque tienes una enorme sensación de autodependencia. Por lo general, imaginas que estás en tus propias manos, que, por así decirlo, puedes gobernar tu propio bote con un cierto éxito —si tienes suerte—. Pero la corriente está salpicada de rápidos peligrosos y de rocas sumergidas, y las habilidades del navegante no siempre están a la altura de las circunstancias. De ahí la ansiedad.

Por mucho que las apariencias parezcan indicar lo contrario, lo cierto es que no tienes el control de tu propia vida. Dicho de otro modo, tu naturaleza está más allá de tu control. ¿Cómo puedes gobernar conscientemente profundidades que se encuentran más allá del alcance de la propia conciencia?

Tan solo puedes hacer una cosa: rendirte. Admite que toda esa ansiedad sobre ti mismo es absolutamente fútil. Acepta que sea lo que sea lo que te sostiene, te tiene muy pero que muy bien sujeto. Familiarízate con hecho de asombrarte y sorprenderte ante tu propia existencia, y con el hecho de que existes sin ser capaz realmente de comprender ni una pizca de todo el fascinante proceso que se despliega ante ti. Acepta la situación, pero no de un modo resignado, a regañadientes y sin entusiasmo. Hay una clase de paz, casi indistinguible de la muerte, que es peor que la ansiedad. Puede que seas —de hecho, eres— incognoscible, pero también eres maravilloso.

Potencialmente, una milésima parte de lo que sabes sobre ti mismo es material más que suficiente para proporcionarte infinitas sorpresas y llenarte de asombro. La convicción de que hay algo inconmensurablemente más grande que tú mismo, algo que sustenta tu ser incognoscible, que constituye su base y su fuente, puede resultar sumamente estimulante y satisfactoria. El tipo de paz que se deriva de esta convicción no tiene por qué hacer que seas menos activo. Puedes seguir tan ocupado y ajetreado como siempre, pero ahora en el trasfondo siempre estará presente una entrega mental a la totalidad. Entonces la actividad se verá por lo que es: la totalidad operando a través de una de sus partes.

En resumen, hemos descubierto que eres ilimitado, que no estás separado de nada, que eres incognoscible y que una comprensión cabal y completa de estas tres realidades puede doblegar tu sentido de restricción, tu constante sensación de desasosiego y soledad. Quien es capaz de vivir siempre en el conocimiento de que su ser se expande hacia el exterior hasta abrazarlo todo, que está inextricablemente mezclado con todas y cada una de las partes de la totalidad y de que dicha totalidad sustenta por completo su ser, encontrará la paz, la seguridad y la felicidad que anhela.

Un estado mental así está más allá del alcance humano, pero eso no debe desalentarnos. Hasta un poco de conciencia trae consigo una cierta cantidad de libertad, y en cierto sentido cada incremento de conciencia, por pequeño que sea, es su propia recompensa.

Libros del Douglas E. Harding

(Se reseñan entre paréntesis los títulos disponibles en español)

- Short Stories
- The Meaning and Beauty of the Artificial
- How Briggs Died
- The Melwold Mystery
- An Unconventional Portrait of Yourself
    (Un retrato poco convencional de ti mismo)
- The Hierarchy of Heaven and Earth
    (La Jerarquía del Cielo y la Tierra)
- Visible Gods
- On Having No Head *(Vivir sin cabeza)*
- Religions of the World
- The Face Game
- The Science of the 1st Person
- The Hidden Gospel
- Journey to the Centre of the Youniverse
- The Little Book of Life and Death
    (El pequeño libro de la vida y la muerte)
- Head Off Stress
- The Trial of the Man Who Said He was God
    (El juicio del hombre que decía ser Dios)
- Look For Yourself
- The Spectre in the Lake
- To Be And Not To Be, That is the Answer
    (Ser y no ser, esa es la respuesta)
- The Turning Point *(El punto de retorno)*
- Just One Who Sees
- As I See It

www.ingramcontent.com/pod-product-compliance
Lightning Source LLC
Chambersburg PA
CBHW060506090426
42735CB00011B/2127